基本練習問題 1　仕　訳(1)

1 次の取引の仕訳を示しなさい。ただし，商品に関する勘定は*3*分法によること。

a．新潟商店から商品¥*3,000,000*を仕入れ，代金のうち¥*1,000,000*は小切手を振り出して支払い，残額は掛けとした。なお，引取運賃¥*100,000*は現金で支払った。

b．富山商店に対する売掛金¥*940,000*を同店振り出しの小切手で受け取り，ただちに当座預金口座に預け入れた。

c．事務用パーソナルコンピュータ¥*800,000*を買い入れ，代金は小切手を振り出して支払った。

d．出張中の従業員から，さきに送金を受けていた内容不明の¥*80,000*は，得意先金沢商店からの商品注文の内金であるむねの報告を受けた。

e．営業用店舗¥*6,000,000*を買い入れ，代金のうち¥*2,400,000*は小切手を振り出して支払い，残額は月末に支払うことにした。なお，買入手数料と登記料の合計額¥*300,000*は現金で支払った。

f．南北新聞販売店に折り込み広告代金として，¥*50,000*を現金で支払った。

g．宮崎商店から商品¥*530,000*の注文を受け，内金として¥*40,000*を同店振り出しの小切手で受け取った。

h．長崎商店に借用証書によって，現金¥*250,000*を貸し付けた。

i．本月分の給料¥*580,000*の支払いにあたり，所得税額¥*37,000*と従業員立替金¥*40,000*を差し引いて，従業員の手取額を現金で支払った。

	借　　方	貸　　方
a		
b		
c		
d		
e		
f		
g		
h		
i		

基本練習問題１　仕　訳(2)

2 次の取引の仕訳を示しなさい。ただし，商品に関する勘定は3分法によること。

a．北海道商店に商品￥960,000を売り渡し，代金は掛けとした。なお，発送費￥20,000を現金で支払った。

b．栃木商店に借用証書によって貸し付けていた￥400,000を，その利息￥21,000とともに現金で受け取った。

c．従業員の出張にさいし，旅費の概算額として￥80,000を仮払いしていたが，本日，従業員が帰店して精算をおこない，残額￥6,000を現金で受け取った。

d．定額資金前渡法（インプレスト・システム）を採用している群馬商店は，月末に庶務係から次の小口現金出納帳にもとづいて，当月分の支払高の報告を受けたので，ただちに小切手を振り出して補給した。

小　口　現　金　出　納　帳

収　入	令和○年		摘　要	支　出	内　訳				残　高
					通信費	交通費	消耗品費	雑　費	
60,000	7	1	前月繰越						60,000
			合　計	55,000	25,000	18,000	10,000	2,000	

e．石川銀行に普通預金として現金￥320,000を預け入れた。

f．得意先東西商店が倒産し，前期から繰り越された同店に対する売掛金￥70,000が回収不能となったため，貸し倒れとして処理した。ただし，貸倒引当金勘定の残高が￥45,000ある。

g．愛知商店から3か月分の家賃￥390,000を現金で受け取った。

	借　方	貸　方
a		
b		
c		
d		
e		
f		
g		

基本練習問題２　伝　票

3 和歌山商店の次の取引を入金伝票・出金伝票・振替伝票のうち，必要な伝票に記入しなさい。

取　　引

4月12日　関西銀行の普通預金口座から現金￥150,000を引き出した。（伝票番号　No.18）

〃 日　奈良商店より事務用のパーソナルコンピュータ￥230,000を買い入れ，代金は4月30日に支払うことにした。（伝票番号　No.29）

〃 日　和歌山通信社にインターネット通信料￥8,000を現金で支払った。（伝票番号　No.41）

入　金　伝　票
令和○年　月　日　　No.____

科目		入金先	殿
摘　　要		金　　額	
合　　計			

出　金　伝　票
令和○年　月　日　　No.____

科目		支払先	殿
摘　　要		金　　額	
合　　計			

振　替　伝　票
令和○年　月　日　　No.____

勘　定　科　目	借　　方	勘　定　科　目	貸　　方
合　　計		合　　計	
摘要			

4 静岡商店の次の取引を入金伝票・出金伝票・振替伝票のうち，必要な伝票に記入しなさい。

取　　引

1月16日　熱海広告社に広告料￥30,000を現金で支払った。（伝票番号　No.28）

〃 日　横浜商店に商品売買の仲介をおこない，手数料として現金￥80,000を受け取った。（伝票番号　No.45）

〃 日　浜松商店に対する買掛金￥120,000を小切手＃8を振り出して支払った。（伝票番号　No.14）

入　金　伝　票
令和○年　月　日　　No.____

科目		入金先	殿
摘　　要		金　　額	
合　　計			

出　金　伝　票
令和○年　月　日　　No.____

科目		支払先	殿
摘　　要		金　　額	
合　　計			

振　替　伝　票
令和○年　月　日　　No.____

勘　定　科　目	借　　方	勘　定　科　目	貸　　方
合　　計		合　　計	
摘要			

基本練習問題３　記　帳(1)

5 千葉商店の下記の取引について，

(1)　仕訳帳に記入して，総勘定元帳（略式）の売掛金勘定と売上勘定に転記しなさい。

(2)　売掛金元帳とＡ品の商品有高帳に記入して締め切りなさい。

ただし，ⅰ　商品に関する勘定は３分法により，仕訳帳の小書きは省略する。

ⅱ　総勘定元帳および売掛金元帳には，日付と金額を記入すればよい。

ⅲ　商品有高帳の記入は移動平均法によること。

取　　　引

1月13日　神奈川商店から次の商品を仕入れ，代金のうち￥250,000は小切手を振り出して支払い，残額は掛けとした。

Ａ　品　　900個　　@￥450　　￥405,000

19日　山梨商店に次の商品を売り渡し，代金のうち￥300,000は同店の振り出しの小切手＃18で受け取り，ただちに当座預金口座に預け入れ，残額は掛けとした。

Ａ　品　　700個　　@￥560　　￥392,000

Ｂ　品　　300個　　@￥700　　￥210,000

21日　山梨商店に売り渡した上記商品について，次のとおり値引きをおこなった。なお，この代金は売掛金から差し引くことにした。

Ｂ　品　　35個　　@￥200　　￥　7,000

29日　神奈川商店に対する買掛金の一部￥100,000を小切手＃32を振り出して支払った。

(1)

仕　訳　帳　　1

令和○年		摘　　要	元丁	借　方	貸　方
1	1	前期繰越高	✓	3,759,000	3,759,000

総勘定元帳

売　掛　金　　4

借方		貸方	
1/1	300,000		

売　　上　　22

借方		貸方	

(2)　（注意）売掛金元帳と商品有高帳は締め切ること。

売掛金元帳

山　梨　商　店　　1

借方		貸方	
1/1	160,000		

商品有高帳

（移動平均法）　　（品名）Ａ　品　　（単位：個）

令和○年		摘　要	受入			払出			残高		
			数量	単価	金額	数量	単価	金額	数量	単価	金額
1	1	前月繰越	100	430	43,000				100	430	43,000

基本練習問題３　記　帳(2)

6 東海商店の下記の取引について，

(1) 仕訳帳に記入して，総勘定元帳（略式）の買掛金勘定と仕入勘定に転記しなさい。

(2) 仕入帳と買掛金元帳に記入して，締め切りなさい。

ただし，i　商品に関する勘定は３分法により，仕訳帳の小書きは省略する。

ii　総勘定元帳および買掛金元帳には，日付と金額を記入すればよい。

取　　引

1月　8日　愛知商店から次の商品を仕入れ，代金のうち￥250,000は小切手を振り出して支払い，残額は掛けとした。

A　品	500個	@￥　800	￥400,000
B　品	200個	@￥　700	￥140,000

10日　愛知商店から仕入れた上記商品の一部に品質不良のものがあったので，次のとおり返品した。なお，この代金は買掛金から差し引くことにした。

A　品	20個	@￥　800	￥　16,000

16日　三重商店から次の商品を仕入れ，代金は掛けとした。

C　品	350個	@￥　500	￥175,000

29日　三重商店に対する買掛金の一部￥300,000を，小切手＃37を振り出して支払った。

(1)

仕　訳　帳　　1

令和○年		摘　　要	元丁	借　方	貸　方
1	1	前期繰越高	✓	4,190,000	4,190,000

総　勘　定　元　帳

買　掛　金　　14

		1/1	620,000

仕　　入　　22

(2)　（注意）仕入帳・買掛金元帳は締め切ること。

仕　入　帳　　1

令和○年		摘　　要	内　訳	金　額

買　掛　金　元　帳

三　重　商　店　　2

		1/1	380,000

基本練習問題４　語句・計算

7 次の各問いに答えなさい。

(1) 四国商店の商品有高帳は，下記のとおりである。よって，

a．四国商店は，この商品有高帳を次のどちらの方法で記帳しているか，番号で答えなさい。

1．先 入 先 出 法　　2．移 動 平 均 法

b．10月15日の残高欄の単価を答えなさい。

c．10月中のA品の売上原価を求めなさい。

d．10月中のA品の売上高を求めなさい。ただし，A品は1個あたり￥800で販売している。

商 品 有 高 帳

（品　名）　A　品　　　　　　　　　　　　　　　　　　(単位：個)

令和○年		摘　要	受　入			払　出			残　高		
			数 量	単 価	金　額	数 量	単 価	金　額	数 量	単 価	金　額
10	1	前月繰越	150	540	81,000				150	540	81,000
	7	香川商店				100	540	54,000	50	540	27,000
	15	高知商店	200	550	110,000				(　　)	(　　)	(　　)
	31	**次月繰越**				(　　)	(　　)	(　　)			
			(　　)		(　　)	(　　)		(　　)			

(2) 次の各文の［　　　］に入る金額を求めなさい。

a．宮城商店（個人企業）の当期の収益総額が￥2,350,000で，当期純利益が￥76,000であるとき，当期の費用総額は［　ア　］である。

b．秋田商店（個人企業）の期首の資産総額は￥6,360,000　負債総額は￥4,492,000であった。当期純利益が￥420,000で，期末の負債総額が￥5,092,000であるとき，期末の資産総額は［　イ　］である。

(3) 次の文の［　　　］にあてはまるもっとも適当な語を，下記の語群から選び，その番号を記入しなさい。

決算整理後に収益の各勘定残高と費用の各勘定残高を損益勘定に振り替えて当期純損益を計算する。この損益勘定のように二つ以上の勘定残高を集めて記入する勘定のことを［　　　］という。

1．人 名 勘 定　　2．統 制 勘 定　　3．集 合 勘 定

(1)

a	b	c	d
	￥	￥	￥

(2)

ア	￥	イ	￥

(3)

基本練習問題５　決　算(1)

8 沖縄商店（個人企業　決算年１回　12月31日）の総勘定元帳勘定残高と決算整理事項は，次のとおりであった。よって，

(1) 繰越商品勘定・給料勘定に必要な記入をおこない，締め切りなさい。ただし，勘定記入は，日付・相手科目・金額を示すこと。

(2) 損益計算書を完成しなさい。

元帳勘定残高

現　　金	¥ 196,800	当座預金	¥ 1,300,000	売 掛 金	¥ 4,270,000
貸倒引当金	34,400	繰越商品	1,370,000	備　　品	390,000
買 掛 金	1,882,400	借 入 金	500,000	資 本 金	4,500,000
売　　上	8,895,000	受取手数料	136,000	仕　　入	6,180,000
給　　料	1,720,000	支払家賃	300,000	消耗品費	108,000
雑　　費	95,000	支払利息	18,000		

決算整理事項

a．期末商品棚卸高　¥ 1,420,000

b．貸倒見積高　売掛金残高の2%と見積もり，貸倒引当金を設定する。

c．備品減価償却高　取得原価 ¥ 650,000　残存価額は零（0）　耐用年数は5年とし，定額法により計算し，直接法で記帳している。

$$定額法による年間の減価償却費=\frac{取得原価-残存価額}{耐用年数}$$

(1) （注意）i　給料勘定の記入は，合計額で示してある。
ii　勘定には，日付・相手科目・金額を記入し，締め切ること。

繰　越　商　品　　5

1/1　前期繰越 1,370,000	

給　　料　　13

1,720,000	

(2)

損　益　計　算　書

沖縄商店　　令和○年1月1日から令和○年12月31日まで　　（単位：円）

費　　用	金　　額	収　　益	金　　額
売上原価		売上高	
給　　料		受取手数料	
（　　　）			
（　　　）			
支払家賃			
消耗品費			
（　　　）			
（　　　）			
（　　　）			

基本練習問題5　決　算(2)

9 山陽商店（個人企業　決算年1回　12月31日）の決算整理事項は次のとおりであった。よって，
(1)　精算表を完成しなさい。
(2)　備品勘定・支払利息勘定に必要な記入をおこない，締め切りなさい。ただし，勘定記入は，日付・相手科目・金額を示すこと。

決算整理事項

a．期末商品棚卸高　　¥950,000
b．貸倒見積高　　売掛金残高の2%と見積もり，貸倒引当金を設定する。
c．備品減価償却高　　取得原価¥450,000　残存価額は零（0）　耐用年数は5年とし，定額法により計算し，直接法で記帳している。

$$\text{定額法による年間の減価償却費}=\frac{\text{取得原価}-\text{残存価額}}{\text{耐用年数}}$$

(1)

精　算　表
令和○年12月31日

勘定科目	残高試算表		整理記入		損益計算書		貸借対照表	
	借　方	貸　方	借　方	貸　方	借　方	貸　方	借　方	貸　方
現　　金	935,000							
当座預金	1,581,000							
売 掛 金	2,800,000							
貸倒引当金		32,000						
繰越商品	920,000							
備　　品	360,000							
買 掛 金		1,258,000						
借 入 金		600,000						
資 本 金		4,000,000						
売　　上		9,610,000						
受取手数料		48,000						
仕　　入	6,710,000							
給　　料	1,482,000							
支払家賃	576,000							
消耗品費	105,000							
雑　　費	37,000							
支払利息	42,000							
	15,548,000	15,548,000						

(2)　（注意）勘定には，日付・相手科目・金額を記入し，締め切ること。

備　　品　　6

1/1	前期繰越	360,000	

支　払　利　息　　17

6/30	現　金	21,000	
12/31	現　金	21,000	

公益財団法人 全国商業高等学校協会主催・文部科学省後援　とうほう

第1回　簿記実務検定模擬試験問題3級　商業簿記

（制限時間1時間30分）

1 下記の取引の仕訳を示しなさい。ただし，勘定科目は，次のなかからもっとも適当なものを使用すること。

現金	小口現金	当座預金	売掛金
貸倒引当金	貸付金	土地	買掛金
借入金	仮受金	受取手数料	受取利息
給料	保険料		

a．店舗を建てるため，土地¥8,610,000を購入し，代金は登記料と買入手数料の合計額¥210,000とともに小切手を振り出して支払った。

b．出張中の従業員から当店の当座預金口座に¥90,000の振り込みがあったが，その内容が不明である。

c．岩手商店は，建物に対する1年分の火災保険料¥72,000を現金で支払った。

d．宮城商店に借用証書によって貸し付けていた¥200,000の返済を受け，その利息¥1,600とともに現金¥201,600を受け取った。

2 群馬商店の次の取引を入金伝票・出金伝票・振替伝票のうち，必要な伝票に記入しなさい。

取　引

7月25日　商品売買の仲介をおこない，前橋商店から手数料として現金¥35,000を受け取った。（伝票番号　No.27）

〃日　高崎商店から借用証書によって借り入れていた¥100,000を小切手#44を振り出して返済した。（伝票番号　No.39）

受験番号＿＿＿＿＿

3 新潟商店の下記の取引について，

(1)　仕訳帳に記入して，総勘定元帳（略式）に転記しなさい。

(2)　買掛金元帳に記入して，締め切りなさい。

(3)　1月末における残高試算表を作成しなさい。

ただし，ⅰ　商品に関する勘定は3分法によること。

ⅱ　仕訳帳の小書きは省略する。

ⅲ　総勘定元帳および買掛金元帳には，日付と金額を記入すればよい。

取　　引

1月 4日　得意先 鹿児島商店に次の商品を売り渡し，代金は掛けとした。

A　品	300個	@¥3,500	¥1,050,000
B　品	150個	@¥4,800	¥720,000

5日　富山商店から商品陳列用のケースを購入し，代金は据付料¥12,000とともに次の小切手を振り出して支払った。

No. 13

令和◯年 1 月 5 日

金額 ¥292000

渡先 富山商店

摘要 備品購入代金

No. 13　小　切　手

全国 5001

0741-223

支払地　新潟県新潟市東区西町 1 - 2 - 3

株式会社 とうほう銀行新潟支店

金額 ¥292,000※

上記の金額をこの小切手と引き替えに

持参人へお支払いください

令和 ◯ 年　1　月　5　日

振出地　新潟県新潟市

新潟県新潟市中央区東町12

新　潟　商　店

新　潟　富　子　(新潟)

7日　仕入先 高知商店から次の商品を仕入れ，代金は掛けとした。

A　品	300個	@¥3,000	¥900,000
B　品	200個	@¥5,000	¥1,000,000

10日　インターネットの利用料金¥38,000が普通預金口座から引き落とされた。

11日　得意先 四国商店に次の商品を売り渡し，代金は掛けとした。

A　品	300個	@¥3,700	¥1,110,000
B　品	100個	@¥6,000	¥600,000

14日　仕入先 愛媛商店に商品¥360,000を注文し，内金として現金¥160,000を支払った。

次ページに続く

15日　仕入先 高知商店に対する買掛金の一部を，次の小切手を振り出して支払った。

No.	14
令和◯年 1 月15日	
金額	¥320000
渡先	高知商店　新潟
摘要	買掛金支払

No.　14　　　小　切　手　　　全国 5001 0741-223

支払地　新潟県新潟市東区西町 1－2－3
株式会社　とうほう銀行新潟支店

金額　¥320,000※

上記の金額をこの小切手と引き替えに
持参人へお支払いください

令和◯年　1　月　15　日
振出地　新潟県新潟市

新潟県新潟市中央区東町12
新　潟　商　店
新　潟　富　子　新潟

17日　得意先 宮崎商店に次の商品を売り渡し，代金は同店振り出しの小切手で受け取った。
　　A　品　　150個　　@¥3,600　　¥540,000

20日　東西銀行から借用証書によって現金¥400,000を借り入れ，ただちに当座預金口座に預け入れた。

22日　仕入先 愛媛商店にかねて注文していた次の商品を仕入れ，内金¥160,000を差し引いた残額は掛けとした。

納　品　書　　　令和◯年 1 月 22 日

新潟県新潟市中央区東町12
新潟商店　御中

愛媛県松山市 1 － 2 － 3
愛媛商店

下記の通り納品いたします。

商　品　名	数　量	単　価	金　額	備考
B　品	90	4,000	360,000	
以下余白				
		合計	¥　360,000	

23日　仕入先 愛媛商店から仕入れた上記商品の一部を返品し，この代金は買掛金から差し引くことにした。
　　B　品　　6個　　@¥4,000　　¥　24,000

25日　本月分の給料¥250,000の支払いにあたり，所得税額¥20,000を差し引いて，従業員の手取額を現金で支払った。

31日　得意先 鹿児島商店に対する売掛金の一部¥1,000,000を現金で受け取り，ただちに当座預金口座に預け入れた。

4 次の各問いに答えなさい。

(1) 次の［　　］に入る金額を求めなさい。

福島商店（個人企業）の期首の資産総額は¥5,120,000　負債総額は¥1,940,000であった。期末の負債総額は¥2,080,000で，この期間中の当期純利益が¥240,000であるとき，期末の資産総額は¥［ア］である。また，この期間中の費用総額が¥6,392,000であるとき，収益総額は¥［イ］である。

(2) 次の用語を英語であらわした場合，もっとも適当な語を下記の語群のなかから選び，その番号を記入しなさい。

ア．貸借対照表　　イ．仕　　訳

1．Expense　　2．Balance Sheet　　3．Journalizing　　4．Liabilities

(3) 次の文の［　　］にあてはまるもっとも適当な語を，下記の語群のなかから選び，その番号を記入しなさい。

総勘定元帳のすべての勘定の記録を集計すると，借方に記入した金額の合計と貸方に記入した金額の合計は，［　　］によって必ず等しくなる。

1．貸借対照表等式　　2．損　益　法　　3．貸借平均の原理

5 高松商店（個人企業　決算年1回　12月31日）の総勘定元帳勘定残高と決算整理事項は，次のとおりであった。よって，

(1) 決算整理事項の仕訳を示しなさい。

(2) 消耗品費勘定に必要な記入をおこない，締め切りなさい。ただし，勘定記入は日付・相手科目・金額を示すこと。

(3) 損益計算書および貸借対照表を作成しなさい。

元帳勘定残高

現　　金	¥462,000	当座預金	¥1,231,000	売 掛 金	¥2,600,000
貸倒引当金	22,000	繰越商品	654,000	備　　品	480,000
買 掛 金	1,324,000	前 受 金	460,000	借 入 金	763,000
資 本 金	2,500,000	売　　上	9,172,000	受取手数料	15,000
仕　　入	6,400,000	給　　料	1,296,000	支払家賃	816,000
水道光熱費	239,000	消耗品費	18,000	支払利息	60,000

決算整理事項

a．期末商品棚卸高　　¥789,000

b．貸倒見積高　　売掛金残高の2％と見積もり，貸倒引当金を設定する。

c．備品減価償却高　　取得原価¥1,280,000　残存価額は零（0）　耐用年数8年とし，定額法により計算し，直接法で記帳している。

$$\text{定額法による年間の減価償却費} = \frac{\text{取得原価} - \text{残存価額}}{\text{耐用年数}}$$

第１回　簿記実務検定模擬試験問題　３級　商業簿記　〔解　答　用　紙〕

1

	借　　　方	貸　　　方
a		
b		
c		
d		

2

入　金　伝　票

令和○年　月　日　　No.＿＿

科目		入金先	殿
摘　　要		金　　額	
合　　計			

出　金　伝　票

令和○年　月　日　　No.＿＿

科目		支払先	殿
摘　　要		金　　額	
合　　計			

振　替　伝　票

令和○年　月　日　　No.＿＿

勘　定　科　目	借　　方	勘　定　科　目	貸　　方
合　　計		合　　計	
摘要			

1 得点	2 得点	3 得点	4 得点	5 得点	総得点

年	組	番　号	名　　前

3 (1)

仕　訳　帳

1

令和○年		摘　要	元丁	借　方	貸　方
1	1	前期繰越高	✓	3,667,000	3,667,000

総　勘　定　元　帳

現　金　1

1/1	934,000	

普　通　預　金　2

1/1	373,000	

当　座　預　金　3

1/1	1,100,000	

売　掛　金　4

1/1	610,000	

繰　越　商　品　5

1/1	350,000	

前　払　金　6

1/1	100,000	

備　品	7
1/1　200,000	

買掛金	8
	1/1　667,000

借入金	9
	1/1　500,000

所得税預り金	10

資本金	11
	1/1　2,500,000

売　上	12

仕　入	13

給　料	14

通信費	15

(2)　（注意）買掛金元帳は締め切ること。

買掛金元帳

高知商店	1
	1/1　320,000

愛媛商店	2
	1/1　347,000

(3)

残高試算表

令和○年 1 月31日

借　方	元丁	勘定科目	貸　方
	1	現金	
	2	普通預金	
	3	当座預金	
	4	売掛金	
	5	繰越商品	
	6	前払金	
	7	備品	
	8	買掛金	
	9	借入金	
	10	所得税預り金	
	11	資本金	
	12	売上	
	13	仕入	
	14	給料	
	15	通信費	

3 得点	

4

(1)

ア	¥	イ	¥

(2)

ア		イ	

(3)

5

(1)

	借　　　方	貸　　　方
a		
b		
c		

(2) （注意）勘定には，日付・相手科目・金額を記入し，締め切ること。

消　耗　品　費　　17

18,000	

(3)

損　益　計　算　書

高松商店　　令和○年1月1日から令和○年12月31日まで　　（単位：円）

費　　用	金　　額	収　　益	金　　額
（　　）	（　　）	（　　）	（　　）
給　　料	1,296,000	受　取　手　数　料	（　　）
（　　）	（　　）		
減　価　償　却　費	（　　）		
支　払　家　賃	816,000		
水　道　光　熱　費	239,000		
消　耗　品　費	18,000		
支　払　利　息	60,000		
（　　）	（　　）		
	（　　）		（　　）

貸　借　対　照　表

高松商店　　令和○年12月31日　　（単位：円）

資　　産	金　　額	負債および純資産	金　　額
現　　金	462,000	買　掛　金	1,324,000
当　座　預　金	1,231,000	（　　）	（　　）
売　掛　金（　　）		借　入　金	763,000
（　　）（　　）	（　　）	資　本　金	2,500,000
（　　）	（　　）	（　　）	（　　）
備　　品	（　　）		
	（　　）		（　　）

4 得点		**5** 得点	

公益財団法人 全国商業高等学校協会主催・文部科学省後援　とうほう

第2回　簿記実務検定模擬試験問題3級　商業簿記

（制限時間1時間30分）

1 下記の取引の仕訳を示しなさい。ただし，勘定科目は，次のなかからもっとも適当なものを使用すること。

現金	当座預金	普通預金	売掛金
貸倒引当金	建物	買掛金	資本金
売上	受取手数料	仕入	給料
発送費	保険料	貸倒損失	

a．千葉商店に商品￥700,000を売り渡し，代金は掛けとした。なお，発送費￥10,000は現金で支払った。

b．得意先南北商店が倒産し，前期から繰り越された同店に対する売掛金￥80,000が回収不能となったため，貸し倒れとして処理した。ただし，貸倒引当金勘定の残高が￥50,000ある。

c．全商銀行に現金￥500,000を普通預金として預け入れた。

d．現金￥1,200,000を元入れして開業した。

2 栃木商店の次の取引を入金伝票・出金伝票・振替伝票のうち，必要な伝票に記入しなさい。

取　　引

8月12日　兵庫郵便局で郵便切手￥8,400を買い入れ，代金は現金で支払った。
（伝票番号　No.25）

〃 日　和歌山商店から事務用のパーソナルコンピュータ￥500,000を買い入れ，代金は月末に支払うことにした。
（伝票番号　No.36）

受験番号＿＿＿＿＿＿

3 三重商店の下記の取引について，

(1) 仕訳帳に記入して，総勘定元帳（略式）に転記しなさい。

(2) 売掛金元帳に記入して，締め切りなさい。

(3) 1月末における合計試算表を作成しなさい。

ただし，i　商品に関する勘定は3分法によること。

ii　仕訳帳の小書きは省略する。

iii　総勘定元帳および売掛金元帳には，日付と金額を記入すればよい。

取　　引

1月 4日　得意先 愛知商店に次の商品を売り渡し，代金は掛けとした。

A　品	700個	@¥600	¥420,000
B　品	500個	@¥350	¥175,000

5日　得意先 静岡商店から商品の注文を受け，内金¥150,000を現金で受け取った。

6日　営業用に使用している携帯電話の料金¥13,000を現金で支払った。

9日　仕入先 岐阜商店に対する買掛金の一部を，次の小切手を振り出して支払った。

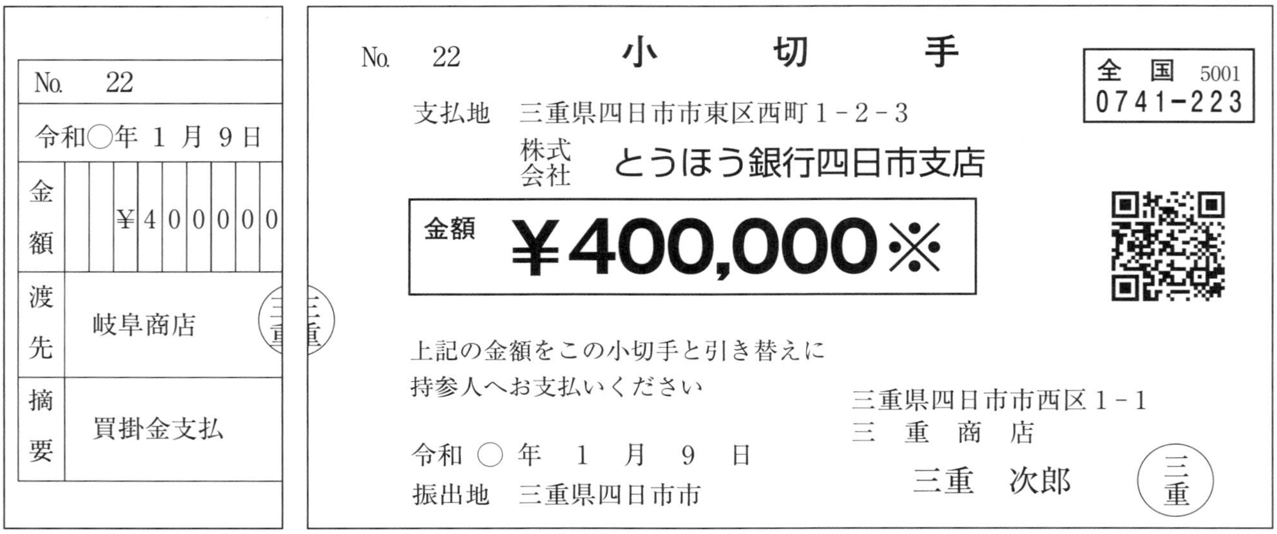

10日　仕入先 滋賀商店から次の商品を仕入れ，代金は掛けとした。

A　品	800個	@¥550	¥440,000
B　品	600個	@¥300	¥180,000

11日　事務用のパーソナルコンピュータを購入し，代金¥320,000は翌月末に支払うことにした。

12日　得意先 静岡商店に次の商品を売り渡し，代金はかねて受け取っていた内金¥150,000を差し引き，残額は掛けとした。

B　品	550個	@¥400	¥220,000

次ページに続く

13日　得意先 愛知商店に対する売掛金の一部 ¥580,000 を同店振り出しの小切手で受け取り，ただちに当座預金口座に預け入れた。

17日　仕入先 滋賀商店から次の商品を仕入れ，代金は掛けとした。なお，引取運賃 ¥3,000 は現金で支払った。

納　品　書　　令和○年 1 月17日

三重県四日市市市西区1－1
三重商店　御中

滋賀県大津市1－2－3
滋賀商店

下記の通り納品いたします。

商品名	数量	単価	金額	備考
A　品	400	500	200,000	
B　品	1,500	200	300,000	
以下余白				
		合計	¥　500,000	

23日　得意先 愛知商店に次の商品を売り渡し，代金は掛けとした。

A　品　800個　@¥750　¥600,000
B　品　500個　@¥300　¥150,000

24日　得意先 愛知商店に売り渡した上記商品の一部について，次のとおり返品された。なお，この代金は売掛金から差し引くことにした。

A　品　20個　@¥750　¥　15,000

25日　本月分の給料 ¥340,000 の支払いにあたり，所得税額 ¥23,000 を差し引いて，従業員の手取金を現金で支払った。

31日　得意先 静岡商店に対する売掛金の一部 ¥70,000 を現金で受け取り，ただちに当座預金口座に預け入れた。

4 次の各問いに答えなさい。

(1) 次の［　　　］に入る金額を求めなさい。

栃木商店（個人企業）の期首の資産総額は￥3,450,000であった。期末の資産総額は￥4,180,000　期末の負債総額は￥1,610,000で，この期間中の当期純利益が￥570,000であるとき，期首の負債総額は￥［　ア　］である。また，この期間中の収益総額が￥8,340,000であるとき，費用総額は￥［　イ　］である。

(2) 次の文の［　　　］にあてはまるもっとも適当な語を，下記の語群のなかから選び，その番号を記入しなさい。

決算において，総勘定元帳を締め切る前に，残高試算表から損益計算書と貸借対照表を作成する手続きを一つにまとめた［　　　］を作成することがある。

1．棚　卸　表　　2．合計試算表　　3．精　算　表

(3) 次の用語を英語であらわした場合，もっとも適当な語を下記の語群のなかから選び，その番号を記入しなさい。

ア．総勘定元帳　　イ．転　　記

1．General ledger　　2．Journal　　3．Posting　　4．Temporary receipt

5 鳥取商店（個人企業　決算年1回　12月31日）の総勘定元帳勘定残高と決算整理事項は，次のとおりであった。よって，

(1) 決算整理事項の仕訳を示しなさい。
(2) 損益勘定に必要な記入をおこないなさい。
(3) 貸借対照表を作成しなさい。

元帳勘定残高

現　　金	￥345,000	当座預金	￥768,000	売掛金	￥2,340,000
貸倒引当金	60,000	繰越商品	890,000	貸付金	667,000
備　　品	720,000	買掛金	1,200,000	所得税預り金	104,000
資本金	4,000,000	売　　上	7,664,000	受取利息	20,000
仕　　入	5,100,000	給　　料	1,200,000	支払家賃	820,000
水道光熱費	94,000	消耗品費	46,000	雑　　費	58,000

決算整理事項

a．期末商品棚卸高　￥900,000

b．貸倒見積高　売掛金残高の5％と見積もり，貸倒引当金を設定する。

c．備品減価償却高　取得原価￥900,000　残存価額は零（0）　耐用年数10年とし，定額法により計算し，直接法で記帳している。

$$定額法による年間の減価償却費=\frac{取得原価-残存価額}{耐用年数}$$

第２回　簿記実務検定模擬試験問題　３級　商業簿記〔解　答　用　紙〕

1

	借　　方	貸　　方
a		
b		
c		
d		

2

入　金　伝　票

令和〇年　月　日　No.＿＿

科目		入金先	殿
摘　　要			金　　額
合　　計			

出　金　伝　票

令和〇年　月　日　No.＿＿

科目		支払先	殿
摘　　要			金　　額
合　　計			

振　替　伝　票

令和〇年　月　日　No.＿＿

勘　定　科　目	借　　方	勘　定　科　目	貸　　方
合　　計		合　　計	
摘要			

1 得点	2 得点	3 得点	4 得点	5 得点	総得点

年	組	番　号	名　　前

3 (1)

仕　訳　帳　　1

令和○年		摘　要	元丁	借　方	貸　方
1	1	前期繰越高	✓	2,628,000	2,628,000

総　勘　定　元　帳

現　金　1

1/1	541,000	

当　座　預　金　2

1/1	524,000	

売　掛　金　3

1/1	453,000	

繰越商品　4

1/1	710,000		

備品　5

1/1	400,000		

買掛金　6

		1/1	585,000

前受金　7

		1/1	43,000

未払金　8

所得税預り金　9

資本金　10

		1/1	2,000,000

売上　11

仕入　12

給料　13

通信費　14

(2)　（注意）売掛金元帳は締め切ること。

売掛金元帳

愛知商店　1

1/1	135,000		

静岡商店　2

1/1	318,000		

(3)

合計試算表

令和○年 1 月31日

借方	元丁	勘定科目	貸方
	1	現金	
	2	当座預金	
	3	売掛金	
	4	繰越商品	
	5	備品	
	6	買掛金	
	7	前受金	
	8	未払金	
	9	所得税預り金	
	10	資本金	
	11	売上	
	12	仕入	
	13	給料	
	14	通信費	

3 得点	

4

(1)

ア	¥	イ	¥

(2)

(3)

ア		イ	

5

(1)

	借　　方	貸　　方
a		
b		
c		

(2)

損　　益　　21

12/31	(　　)	(　　)	12/31	(　　)	(　　)
〃	給　　料	1,200,000	〃	受取利息	20,000
〃	(　　)	(　　)			
〃	(　　)	(　　)			
〃	支払家賃	820,000			
〃	水道光熱費	94,000			
〃	消耗品費	46,000			
〃	雑　　費	58,000			
〃	(　　)	(　　)			
		(　　)			(　　)

(3)

貸　借　対　照　表

鳥取商店　　令和○年12月31日　　(単位：円)

資　　産		金　　額	負債および純資産	金　　額
現　　金		345,000	買　掛　金	1,200,000
当座預金		768,000	(　　)	(　　)
売　掛　金	(　　)		資　本　金	(　　)
(　　)	(　　)	(　　)	(　　)	(　　)
(　　)		(　　)		
貸　付　金		(　　)		
(　　)		(　　)		
		(　　)		(　　)

4 得点	

5 得点	

公益財団法人 全国商業高等学校協会主催・文部科学省後援　とうほう

第３回　簿記実務検定模擬試験問題３級　商業簿記

（制限時間１時間30分）

1 下記の取引の仕訳を示しなさい。ただし，勘定科目は，次のなかからもっとも適当なものを使用すること。

現金	小口現金	当座預金	売掛金
貸倒引当金	前払金	仮払金	土地
買掛金	仮受金	売上	仕入
通信費	交通費	雑費	

a．従業員の出張にあたり，旅費の概算額として￥80,000を現金で支払った。

b．店舗を建てるため，土地を購入し，この代金￥4,000,000と登記料や買入手数料など￥350,000をともに小切手を振り出して支払った。

c．定額資金前渡法（インプレスト・システム）を採用している福井商店の会計係は，月末に庶務係から次の小口現金出納帳にもとづいて，当月分の支払高の報告を受けたので，ただちに小切手を振り出して補給した。

小口現金出納帳

収入	令和○年		摘要	支出	内訳			残高
					通信費	交通費	雑費	
30,000	1	1	前月繰越					30,000
			合計	28,000	9,000	17,000	2,000	

d．石川商店から商品￥800,000を仕入れ，代金は先に支払ってある内金￥150,000を差し引き，残額は掛けとした。

2 山口商店の次の取引を入金伝票・出金伝票・振替伝票のうち，必要な伝票に記入しなさい。

取　引

9月25日　全商銀行に定期預金として小切手＃8　￥300,000を振り出して預け入れた。
（伝票番号　No.27）

〃日　広島商店に借用証書によって貸し付けていた￥860,000を現金で受け取った。
（伝票番号　No.39）

受験番号＿＿＿＿＿＿

3 富山商店の下記の取引について，

(1) 仕訳帳に記入して，総勘定元帳（略式）に転記しなさい。

(2) A品の商品有高帳に記入して締め切りなさい。

(3) 1月末における残高試算表を作成しなさい。

ただし，i　商品に関する勘定は3分法によること。

ii　仕訳帳の小書きは省略する。

iii　総勘定元帳には，日付と金額を記入すればよい。

iv　商品有高帳の記入は，移動平均法によること。

取　　引

1月 7日　得意先 新潟商店に次の商品を売り渡し，代金は掛けとした。

A　品　500個　@¥550　¥275,000

9日　事務用のインクカートリッジ¥32,000を購入し，代金は月末払いとした。

11日　事務用のパーソナルコンピュータ¥280,000を買い入れ，代金は据付費¥4,500とともに小切手を振り出して支払った。

13日　仕入先 滋賀商店から次の商品を仕入れ，代金は掛けとした。

納　品　書　　令和○年 1 月 13 日

富山県富山市東区西町 1 － 2 － 3
富山商店　御中

滋賀県大津市西区東 1 － 1
滋賀商店　㊞

下記の通り納品いたします。

商品名	数量	単価	金額	備考
A　品	900	460	414,000	
B　品	600	610	366,000	
以下余白				
		合計	¥　780,000	

14日　仕入先 滋賀商店から仕入れた上記商品の一部に品違いがあったので，次のとおり返品した。なお，この代金は買掛金から差し引くことにした。

B　品　10個　@¥610　¥6,100

15日　得意先 長野商店に次の商品を売り渡し，代金のうち¥350,000は同店振り出しの小切手＃5で受け取り，ただちに当座預金口座に預け入れた。なお，残額は掛けとした。

A　品　700個　@¥540　¥378,000

B　品　400個　@¥700　¥280,000

次ページに続く

16 日　得意先 長野商店に売り渡した上記商品の一部が，次のとおり返品された。なお，この代金は売掛金から差し引くことにした。

　　B　品　　*30* 個　　@ ¥ *700*　　¥ *21,000*

17 日　従業員の出張にあたり，旅費の概算額として ¥ *90,000* を現金で渡した。

19 日　仕入先 滋賀商店に対する買掛金の一部について，次の小切手を振り出して支払った。

No.	21
令和○年 1 月 19日	
金額	¥50000
渡先	滋賀商店
摘要	買掛金支払

富山（割印）

No.　21　　　　小　切　手　　　　全国 5001 0214-043

支払地　富山県富山市

株式会社　とうほう銀行富山支店

金額　¥50,000※

上記の金額をこの小切手と引き替えに
持参人へお支払いください

令和 ○ 年　1　月　19　日
振出地　富山県富山市

富山県富山市東区西町 1 － 2 － 3
富　山　商　店
富　山　一　郎　（富山）

20 日　従業員の出張にさいし，旅費の概算額として ¥ *90,000* を仮払いしていたが，本日，従業員が帰店して精算をおこない，残額 ¥ *5,900* を現金で受け取った。

21 日　仕入先 滋賀商店に対する買掛金の一部 ¥ *130,000* を小切手を振り出して支払った。

25 日　本月分の給料 ¥ *400,000* の支払いにあたり，所得税額 ¥ *39,000* を差し引いて，従業員の手取金を現金で支払った。

27 日　得意先 長野商店に対する売掛金の一部 ¥ *300,000* を，同店振り出しの小切手 ＃ *9* で受け取った。

31 日　未払いだった事務用のインクカートリッジ代を現金で支払い，次の領収証を受け取った。

領　収　証

令和○年 1 月31日

富 山 商 店　　様

¥ *32,000* —

但　インクカートリッジ代として

上記正に領収いたしました。

〒933-8510
高岡市中央町 1 - 1
高岡文房具店

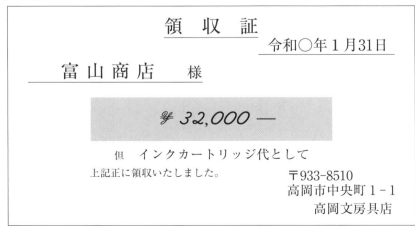

4 次の各問いに答えなさい。

(1) 次の用語を英語であらわした場合，もっとも適当な語を下記の語群のなかから選び，その番号を記入しなさい。

ア．簿　　記　　イ．取　　引

1．Bookkeeping　　2．Debit　　3．Income　　4．Transaction

(2) 次の文の［　　　］にあてはまるもっとも適当な語を，下記の語群のなかから選び，その番号を記入しなさい。

総勘定元帳の売掛金勘定だけでは，得意先別の売掛金の残高や増減を把握することができないため，売掛金元帳を用いることがある。このように売掛金勘定の記録を補う売掛金元帳のような帳簿のことを［　　　］という。

1．主　要　簿　　2．補　助　簿　　3．棚　卸　表

(3) 東北商店（個人企業）の下記の資本金勘定と資料によって，次の金額を計算しなさい。

a．期間中の収益総額　　b．期首の負債総額

資　本　金

借方	金額	貸方	金額
12/31 次期繰越	(　　　)	1/ 1 前期繰越	(　　　)
		12/31 損　　益	(　　　)
	8,600,000		8,600,000

資　　料

i　期間中の費用総額　¥5,100,000

ii　当　期　純　利　益　¥1,200,000

iii　期首の資産総額　¥9,600,000

5 関東商店（個人企業　決算年1回　12月31日）の決算整理事項は次のとおりであった。よって，

(1) 精算表を完成しなさい。

(2) 当座預金勘定と給料勘定に必要な記入をおこない，締め切りなさい。ただし，勘定記入は，日付・相手科目・金額を示すこと。

決算整理事項

a．期末商品棚卸高　　¥890,000

b．貸　倒　見　積　高　　売掛金残高の2%と見積もり，貸倒引当金を設定する。

c．備品減価償却高　　取得原価¥1,200,000　残存価額は取得原価の10%　耐用年数は8年とし，定額法により計算し，直接法で記帳している。

$$定額法による年間の減価償却費=\frac{取得原価-残存価額}{耐用年数}$$

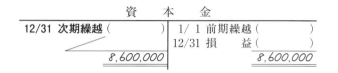

第３回　簿記実務検定模擬試験問題　３級　商業簿記〔解　答　用　紙〕

1

	借　　方	貸　　方
a		
b		
c		
d		

2

入　金　伝　票

令和○年　月　日　No.____

科目		入金先	殿
摘　　要		金　　額	
合　　計			

出　金　伝　票

令和○年　月　日　No.____

科目		支払先	殿
摘　　要		金　　額	
合　　計			

振　替　伝　票

令和○年　月　日　No.____

勘　定　科　目	借　　方	勘　定　科　目	貸　　方
合　　計		合　　計	
摘要			

1 得点	2 得点	3 得点	4 得点	5 得点	総得点

年	組	番　号	名　　前

3 (1)

仕　訳　帳

1

令和○年		摘　要	元丁	借　方	貸　方
1	1	前期繰越高	✓	3,432,000	3,432,000

総　勘　定　元　帳

現　金　1

1/1	543,000		

当座預金　2

1/1	520,000		

売　掛　金　3

1/1	421,000		

繰越商品 4

借方		貸方	
1/1	408,000		

仮払金 5

借方	貸方

備品 6

借方		貸方	
1/1	1,540,000		

買掛金 7

借方		貸方	
		1/1	432,000

未払金 8

借方	貸方

所得税預り金 9

借方	貸方

資本金 10

借方		貸方	
		1/1	3,000,000

売上 11

借方	貸方

仕入 12

借方	貸方

給料 13

借方	貸方

消耗品費 14

借方	貸方

旅費 15

借方	貸方

(2)（注意）商品有高帳は締め切ること。

商品有高帳

(移動平均法)　　(品名) A品　　単位：個

令和○年		摘要	受入			払出			残高		
			数量	単価	金額	数量	単価	金額	数量	単価	金額
1	1	前月繰越	600	400	240,000				600	400	240,000

(3)

残高試算表

令和○年1月31日

借方	元丁	勘定科目	貸方
	1	現金	
	2	当座預金	
	3	売掛金	
	4	繰越商品	
	5	仮払金	
	6	備品	
	7	買掛金	
	8	未払金	
	9	所得税預り金	
	10	資本金	
	11	売上	
	12	仕入	
	13	給料	
	14	消耗品費	
	15	旅費	

3 得点	

4

(1)

ア		イ	

(2)

(3)

a	¥	b	¥

5

(1)

精　　算　　表

令和○年12月31日

勘定科目	残高試算表		整理記入		損益計算書		貸借対照表	
	借　方	貸　方	借　方	貸　方	借　方	貸　方	借　方	貸　方
現　　金	821,000							
当座預金	2,081,000							
売 掛 金	2,600,000							
貸倒引当金		25,000						
繰越商品	840,000							
備　　品	795,000							
買 掛 金		1,328,000						
借 入 金		500,000						
資 本 金		5,000,000						
売　　上		8,790,000						
受取手数料		230,000						
仕　　入	6,353,000							
給　　料	1,550,000							
支払家賃	600,000							
水道光熱費	127,000							
雑　　費	82,000							
支払利息	24,000							
	15,873,000	15,873,000						

(2)　(注意)　i　総勘定元帳の記入は，合計額で示してある。
　　　　　　ii　勘定には，日付・相手科目・金額を記入し，締め切ること。

当座預金　2

借方	貸方
3,896,000	1,815,000

給料　13

借方	貸方
1,550,000	

4 得点	

5 得点	

公益財団法人 全国商業高等学校協会主催・文部科学省後援　とうほう

第４回　簿記実務検定模擬試験問題３級　商業簿記

（制限時間１時間30分）

1 下記の取引の仕訳を示しなさい。ただし，勘定科目は，次のなかからもっとも適当なものを使用すること。

現金	小口現金	当座預金	売掛金
貸倒引当金	貸付金	建物	買掛金
借入金	仮受金	売上	受取利息
仕入	給料	保険料	貸倒損失

a．香川商店に借用証書によって貸し付けていた¥370,000を，その利息¥13,000とともに同店振り出しの小切手で受け取り，ただちに当座預金口座に預け入れた。

b．得意先南北商店が倒産し，前期から繰り越された同店に対する売掛金¥240,000を貸し倒れとして処理した。ただし，貸倒引当金勘定の残高が¥170,000ある。

c．内容不明の送金額¥420,000を仮受金勘定で処理していたが，本日，その送金額は，得意先愛媛商店に対する売掛金の回収額であることがわかった。

d．店舗用に建物¥3,000,000を購入し，代金は小切手を振り出して支払った。なお，登記料と買入手数料の合計額¥370,000は現金で支払った。

2 徳島商店の次の取引を入金伝票・出金伝票・振替伝票のうち，必要な伝票に記入しなさい。

取　引

10月 5日　四国新聞店に折り込み広告代金として¥16,000を現金で支払った。
（伝票番号　No.42）

〃 日　高知商店から商品の注文を受け，内金として現金¥20,000を受け取った。
（伝票番号　No.65）

受験番号＿＿＿＿＿＿＿＿

3 宮城商店の下記の取引について，

(1)　仕訳帳に記入して，総勘定元帳（略式）に転記しなさい。

(2)　仕入帳に記入して，締め切りなさい。

(3)　1月末における合計試算表を作成しなさい。

ただし，i　商品に関する勘定は3分法によること。

ii　仕訳帳の小書きは省略する。

iii　総勘定元帳には，日付と金額を記入すればよい。

取　　引

1月 4日　仕入先 山形商店から次の商品を仕入れ，代金は小切手#4を振り出して支払った。

A　品	400個	@¥　900	¥360,000
B　品	200個	@¥　500	¥100,000

8日　得意先 岩手商店に次の商品を売り渡し，代金のうち¥60,000は現金で受け取り，残額は掛けとした。

A　品	200個	@¥1,400	¥280,000
B　品	100個	@¥　800	¥　80,000
C　品	50個	@¥1,200	¥　60,000

9日　得意先 岩手商店に売り渡した上記商品の一部について，次のとおり返品された。なお，この代金は売掛金から差し引くことにした。

A　品	10個	@¥1,400	¥　14,000

10日　従業員の出張にさいして，旅費の概算額¥60,000を現金で支払った。

11日　東北郵便局で郵便切手¥14,700を買い入れ，代金は現金で支払った。

15日　得意先 岩手商店から売掛金の一部を次の小切手で受け取り，ただちに当座預金口座に預け入れた。

No. 21　　小　切　手

全　国　5001
0239-223

支払地　岩手県盛岡市大通1-2-3
株式会社　とうほう銀行盛岡支店

金額　¥173,000※

上記の金額をこの小切手と引き替えに
持参人へお支払いください

令和 ○ 年　1　月　15　日
振出地　岩手県盛岡市

岩手県盛岡市東1-1-1
岩　手　商　店
岩　手　太　郎 (岩手)

次ページに続く

17日　得意先 秋田商店に次の商品を売り渡し，代金は掛けとした。

A　品	200個	@￥1,350	￥270,000
B　品	200個	@￥　800	￥160,000

18日　仕入先 福島商店から次の商品を仕入れ，代金は掛けとした。なお，引取運賃￥3,000は現金で支払った。

納　　品　　書　　令和○年 1 月 18 日

宮城県仙台市南区北町 1－1－1
宮城商店　御中

福島県福島市 1 － 2 － 3
福島商店

下記の通り納品いたします。

商　品　名	数　量	単　価	金　　額	備考
B　　　　品	300	500	150,000	
以下余白				
		合計	￥　　150,000	

19日　仕入先 福島商店から仕入れた上記商品の一部を返品し，この代金は買掛金から差し引くことにした。

B　品	20個	@￥　500	￥　10,000

20日　得意先 秋田商店から売掛金の一部を次の小切手で受け取った。

No. 79　　**小　　切　　手**

全　国　5001
0239-112

支払地　秋田県秋田市旭町 1－2－3
株式会社　とうほう銀行秋田支店

金額　**￥180,000※**

上記の金額をこの小切手と引き替えに
持参人へお支払いください

令和 ○ 年　1　月　20　日
振出地　秋田県秋田市

秋田県秋田市東町 1
秋　田　商　店
秋　田　和　子　(秋田)

21日　従業員の出張にさいし，10日に旅費の概算額を仮払いしていたが，従業員が帰店して精算をおこない，残額￥6,700を現金で受け取った。

25日　本月分の給料￥320,000の支払いにあたり，所得税額￥28,000を差し引いて，従業員の手取額を現金で支払った。

31日　仕入先 福島商店の買掛金の一部￥132,000を小切手#5を振り出して支払った。

4 次の各問いに答えなさい。

(1) 南北商店（個人企業）の下記の資料によって，次の金額を計算しなさい。

ア．期間中の費用総額　　イ．期末の資産総額

資　料

i　期間中の収益総額　¥6,400,000

ii　当期純損失　¥540,000

iii　期首の資産総額　¥3,500,000

iv　期首の負債総額　¥2,400,000

v　期末の負債総額　¥2,540,000

(2) 次の用語を英語にしなさい。ただし，もっとも適当な語を下記の語群のなかから選び，その番号を記入すること。

ア．精算表　　イ．試算表

1．Balance Sheet(B/S)　　2．Work Sheet(W/S)　　3．Trial Balance(T/B)

4．Bad debt

(3) 次の文の［　　　］にあてはまるもっとも適当な語を，下記の語群のなかから選び，その番号を記入しなさい。

売掛金勘定に対する貸倒引当金勘定のように，ある勘定の金額を修正する役割をもつ勘定を［　　　］という。

1．人名勘定　　2．統制勘定　　3．評価勘定

5 北陸商店（個人企業　決算年1回　12月31日）の総勘定元帳勘定残高と決算整理事項は，次のとおりであった。よって，

(1) 決算整理仕訳を示しなさい。

(2) 繰越商品勘定に必要な記入をおこない，締め切りなさい。ただし，勘定記入は，日付・相手科目・金額を示すこと。

(3) 損益計算書および貸借対照表を完成しなさい。

元帳勘定残高

現金	¥456,000	当座預金	¥2,360,000	売掛金	¥3,100,000
貸倒引当金	42,000	繰越商品	1,340,000	備品	420,000
買掛金	1,653,000	借入金	863,000	資本金	4,500,000
売上	8,896,000	受取手数料	135,000	仕入	6,380,000
給料	1,520,000	支払家賃	300,000	消耗品費	100,000
雑費	95,000	支払利息	18,000		

決算整理事項

a．期末商品棚卸高　¥1,390,000

b．貸倒見積高　売掛金残高の3%と見積もり，貸倒引当金を設定する。

c．備品減価償却高　取得原価¥700,000　残存価額は零（0）　耐用年数5年とし，定額法により計算し，直接法で記帳している。

$$\text{定額法による年間の減価償却費} = \frac{\text{取得原価} - \text{残存価額}}{\text{耐用年数}}$$

第４回　簿記実務検定模擬試験問題　３級　商業簿記　〔解　答　用　紙〕

1

	借　方	貸　方
a		
b		
c		
d		

2

入　金　伝　票

令和○年　月　日　No.

科目		入金先	殿
摘　要		金　額	
合　計			

出　金　伝　票

令和○年　月　日　No.

科目		支払先	殿
摘　要		金　額	
合　計			

振　替　伝　票

令和○年　月　日　No.

勘　定　科　目	借　方	勘　定　科　目	貸　方
合　計		合　計	
摘要			

1 得点		2 得点		3 得点		4 得点		5 得点		総得点	

年	組	番　号	名　前

3 (1)

仕　訳　帳

1

令和○年		摘　　要	元丁	借　方	貸　方
1	1	前期繰越高	✓	2,333,000	2,333,000

総　勘　定　元　帳

現　　金　1

1/1	632,000		

当 座 預 金　2

1/1	625,000		

売　掛　金　3

1/1	786,000		

貸 倒 引 当 金　4

		1/1	43,000

繰 越 商 品　5

1/1	290,000		

仮　払　金　6

買掛金	7
	1/1 290,000

所得税預り金	8

資本金	9
	1/1 2,000,000

売上	10

仕入	11

給料	12

通信費	13

旅費	14

(2) (注意) 仕入帳は締め切ること。

仕入帳

1

令和○年		摘要	内訳	金額

(3)

合計試算表

令和○年1月31日

借方	元丁	勘定科目	貸方
	1	現金	
	2	当座預金	
	3	売掛金	
	4	貸倒引当金	
	5	繰越商品	
	6	仮払金	
	7	買掛金	
	8	所得税預り金	
	9	資本金	
	10	売上	
	11	仕入	
	12	給料	
	13	通信費	
	14	旅費	

3 得点	

4

(1)

ア	¥	イ	¥

(2)

ア		イ	

(3)

5

(1)

	借　　方	貸　　方
a		
b		
c		

(2) (注意) 勘定には，日付・相手科目・金額を記入し，締め切ること。

繰越商品　5

1,340,000	

(3)

損益計算書

北陸商店　令和○年1月1日から令和○年12月31日まで　(単位：円)

費用	金額	収益	金額
(　　　)		(　　　)	
給料	1,520,000	受取手数料	
(　　　)			
(　　　)			
支払家賃	300,000		
消耗品費	100,000		
雑費	95,000		
支払利息	18,000		
(　　　)			

貸借対照表

北陸商店　令和○年12月31日　(単位：円)

資産	金額	負債および純資産	金額
現金	456,000	買掛金	1,653,000
当座預金	2,360,000	(　　　)	
売掛金 (　　　)		資本金	
(　　　)(　　　)		(　　　)	
(　　　)			
備品			

4 得点		5 得点	

公益財団法人 全国商業高等学校協会主催・文部科学省後援　とうほう

第5回　簿記実務検定模擬試験問題3級　商業簿記　（制限時間1時間30分）

1 下記の取引の仕訳を示しなさい。ただし，勘定科目は，次のなかからもっとも適当なものを使用すること。

現金	当座預金	売掛金	貸付金
仮払金	買掛金	借入金	仮受金
所得税預り金	売上	受取利息	発送費
通信費	旅費		

a．東京商店に商品¥630,000を売り渡し，代金のうち¥350,000は同店振り出しの小切手で受け取り，ただちに当座預金とし，残額は掛けとした。なお，発送費¥10,000を現金で支払った。

b．神奈川商店に借用証書によって貸し付けていた¥900,000の返済を受け，その利息¥16,000とともに同店振り出しの小切手で受け取った。

c．従業員から預かっていた所得税の源泉徴収額¥58,000を税務署に現金で納付した。

d．従業員の出張にさいし，旅費の概算額として¥60,000を仮払いしていたが，本日，従業員が帰店して精算をおこない，残額¥3,100を現金で受け取った。

2 奈良商店の次の取引を入金伝票・出金伝票・振替伝票のうち，必要な伝票に記入しなさい。

取　　引

7月4日　和歌山商店に商品売買の仲介をおこない，手数料として現金¥85,000を受け取った。（伝票番号　No.18）

〃日　三重商店から借用証書によって借り入れていた¥600,000を小切手#32を振り出して返済した。（伝票番号　No.20）

3 岐阜商店の下記の取引について，

(1) 仕訳帳に記入して，総勘定元帳（略式）に転記しなさい。

(2) 売上帳に記入して，締め切りなさい。

(3) 1月末における残高試算表を作成しなさい。

ただし，i 商品に関する勘定は3分法によること。

ii 仕訳帳の小書きは省略する。

iii 総勘定元帳には，日付と金額を記入すればよい。

取　　引

1月 6日 仕入先 福井商店から次の商品を仕入れ，代金は掛けとした。

A 品	300個	@¥1,180	¥354,000
B 品	200個	@¥1,210	¥242,000

8日 得意先 滋賀商店に商品を次の納品書のとおり売り渡し，代金は掛けとした。

納　　品　　書　　令和◯年 1 月8日

滋賀県彦根市１２－２
滋賀商店　御中

岐阜県中津川市１０－５
岐阜商店

下記の通り納品いたします。

商　品　名	数　量	単　価	金　　額	備考
A　　品	150	1,460	219,000	
以下余白				
		合計	¥　219,000	

11日 事務用の机¥145,000を購入し，代金は小切手を振り出して支払った。

13日 仕入先 石川商店に対する買掛金の一部について，次の小切手を振り出して支払った。

No. 18	
令和◯年 1 月 13 日	
金額	¥250000
渡先	石川商店 （岐阜）
摘要	買掛金支払

No. 18　　**小　　切　　手**

全 国 5001
0304-013

支払地　岐阜県中津川市
株式会社　とうほう銀行中津川支店

金額　¥250,000※

上記の金額をこの小切手と引き替えに
持参人へお支払いください

令和 ◯ 年　1　月　13　日
振出地　岐阜県中津川市

岐阜県中津川市10－5
岐　阜　商　店
岐　阜　太　郎　（岐阜）

次ページに続く

16日　事務用の文房具を現金で購入し，次のレシートを受け取った。

大垣文具店

大垣市南北町3番1号
電話：0584-34-****

領　収　証

20XX年1月16日	No.1234
文房具	¥8,000
合 計	**¥8,000**
お預り	¥8,000
お釣り	¥0

上記正に領収いたしました

19日　得意先 滋賀商店に対する売掛金の一部¥185,000を，現金で受け取った。

20日　仕入先 石川商店から次の商品を仕入れ，代金は掛けとした。
C　品　100個　@¥ 980　¥ 98,000

21日　固定電話の利用料金¥35,000を現金で支払った。

24日　得意先 京都商店に対する売掛金の一部¥410,000を，現金で受け取った。

25日　本月分の給料¥280,000の支払いにあたり，所得税額¥19,000を差し引いて，従業員の手取額を現金で支払った。

27日　得意先 京都商店に次の商品を売り渡し，代金は掛けとした。
B　品　100個　@¥1,700　¥170,000
C　品　80個　@¥1,350　¥108,000

28日　得意先 京都商店に売り渡した上記商品の一部に品違いがあったので，次のとおり返品された。なお，この代金は売掛金から差し引くことにした。
B　品　20個　@¥1,700　¥ 34,000

30日　仕入先 福井商店に対する買掛金の一部¥360,000を，現金で支払った。

31日　商品売買の仲介をおこない，長野商店から手数料として現金¥7,500を受け取った。

4 次の各問いに答えなさい。

(1) 次の文の□にあてはまるもっとも適当な語を，下記の語群のなかから選び，その番号を記入しなさい。

商品の掛け売買において，仕入先に対する債務は買掛金勘定で処理し，英語では□と表す。

1．Accounts payable　　2．Accounts receivable　　3．Checking account

(2) 次の文の□にあてはまる最も適当な語を，下記の語群のなかから選び，その番号を記入しなさい。

企業では，残高試算表から貸借対照表と損益計算書を作成する手続きを一覧表にした□を作成することがある。この一覧表によって，期末の財政状態や1会計期間の経営成績の概要を知ることができる。

1．仕　訳　帳　　2．精　算　表　　3．棚　卸　表

(3) 秋田商店は，下記のとおり移動平均法によって商品有高帳を記帳している。よって，

a．払出欄の（　ア　）に入る数量を求めなさい。

b．1月中のA品の売上原価を求めなさい。ただし，1月中に仕入返品・仕入値引・売上返品はない。

c．A品を1個あたり¥700で販売しているとき，1月のA品の商品売買益（売上総利益）の金額を求めなさい。

商　品　有　高　帳

（移動平均法）　（品　名）　A　品　（単位：個）

令和○年		摘　要	受入 数量	受入 単価	受入 金額	払出 数量	払出 単価	払出 金額	残高 数量	残高 単価	残高 金額
1	1	前月繰越	250	620	155,000				250	620	155,000
	7	宮城商店	500	590	295,000				(　　)	(　　)	(　　)
	19	山形商店				350	(　　)	(　　)	(　　)	(　　)	240,000
	28	岩手商店				(　　)	(　　)	(　　)	(　　)	(　　)	180,000
	31	次月繰越				(　ア　)	(　　)	180,000			
			(　　)		(　　)	(　　)		(　　)			

5 神奈川商店（個人企業　決算年1回　12月31日）の決算整理事項は，次のとおりであった。よって，

(1) 精算表を完成しなさい。

(2) 備品勘定に必要な記入をおこない，締め切りなさい。ただし，勘定記入は日付・相手科目・金額を示すこと。

(3) 商品売買益（売上総利益）の金額を求めなさい。

決算整理事項

a．期末商品棚卸高　¥728,000

b．貸倒見積高　売掛金残高の2％と見積もり，貸倒引当金を設定する。

c．備品減価償却高　取得原価¥1,960,000　残存価額は零（0）　耐用年数7年とし，定額法により計算し，直接法で記帳している。

$$定額法による年間の減価償却費＝\frac{取得原価－残存価額}{耐用年数}$$

第５回　簿記実務検定模擬試験問題　３級　商業簿記〔解　答　用　紙〕

1

	借　　方	貸　　方
a		
b		
c		
d		

2

入　金　伝　票

令和◯年　月　日　No.＿＿

科目		入金先	殿
摘　　要		金　　額	
合　　計			

出　金　伝　票

令和◯年　月　日　No.＿＿

科目		支払先	殿
摘　　要		金　　額	
合　　計			

振　替　伝　票

令和◯年　月　日　No.＿＿

勘　定　科　目	借　　方	勘　定　科　目	貸　　方
合　　計		合　　計	
摘要			

1 得点	2 得点	3 得点	4 得点	5 得点	総得点

年	組	番　号	名　　前

3 (1)

仕　訳　帳

1

令和○年		摘　要	元丁	借　方	貸　方
1	1	前期繰越高	✓	4,180,000	4,180,000

総　勘　定　元　帳

現　金　1

1/ 1	351,000		

当座預金　2

1/ 1	1,663,000		

売掛金　3

1/ 1	886,000		

貸倒引当金　4

		1/ 1	28,000

繰越商品　5

1/ 1	480,000		

備　品　6

1/ 1	800,000		

買　掛　金　7

	1/ 1　612,000

所得税預り金　8

資　本　金　9

	1/ 1　3,540,000

売　上　10

受取手数料　11

仕　入　12

給　料　13

通　信　費　14

消 耗 品 費　15

(2)　(注意) 売上帳は締め切ること。

売　上　帳　1

令和○年		摘　要	内　訳	金　額

(3)

残　高　試　算　表

令和○年 1 月31日

借　方	元丁	勘定科目	貸　方
	1	現　金	
	2	当座預金	
	3	売掛金	
	4	貸倒引当金	
	5	繰越商品	
	6	備　品	
	7	買掛金	
	8	所得税預り金	
	9	資本金	
	10	売　上	
	11	受取手数料	
	12	仕　入	
	13	給　料	
	14	通信費	
	15	消耗品費	

3	
得点	

4 (1) [ ] (2) [ ]

(3)

a		b	¥	c	¥

5 (1)

精　算　表
令和○年12月31日

勘定科目	残高試算表		整理記入		損益計算書		貸借対照表	
	借　方	貸　方	借　方	貸　方	借　方	貸　方	借　方	貸　方
現　　金	521,000							
当座預金	2,763,000							
売　掛　金	3,100,000							
貸倒引当金		42,000						
繰越商品	892,000							
貸　付　金	1,300,000							
備　　品	1,400,000							
買　掛　金		2,675,000						
資　本　金		6,400,000						
売　　上		8,313,000						
受取利息		52,000						
仕　　入	4,971,000							
給　　料	1,885,000							
支払家賃	624,000							
雑　　費	26,000							
	17,482,000	17,482,000						

(2) （注意）勘定には，日付・相手科目・金額を記入すること。

備　　品　　7

1/1	前期繰越	1,400,000			

(3) 商品売買益　¥

4 得点		5 得点	

公益財団法人 全国商業高等学校協会主催・文部科学省後援　とうほう

第6回　簿記実務検定模擬試験問題3級　商業簿記

（制限時間１時間30分）

1 下記の取引の仕訳を示しなさい。ただし，勘定科目は，次のなかからもっとも適当なものを使用すること。

現金	当座預金	売掛金	前払金
土地	買掛金	前受金	所得税預り金
受取家賃	受取利息	仕入	給料
発送費	支払地代		

a．富山商店から商品￥485,000を仕入れ，代金はさきに支払ってある内金￥200,000を差し引き，残額は掛けとした。なお，引取運賃￥8,000は現金で支払った。

b．店舗を建てるため，土地￥8,000,000を購入し，この代金は買入手数料￥230,000とともに小切手を振り出して支払った。なお，整地費用￥100,000と登記料￥70,000は現金で支払った。

c．山梨商店は，本月分の給料￥420,000の支払いにあたり，所得税額￥37,000を差し引いて，残額は現金で支払った。

d．高知商店から10月分の家賃￥76,000を現金で受け取った。

2 山形商店の次の取引を入金伝票・出金伝票・振替伝票のうち，必要な伝票に記入しなさい。

取　引

10月 5日　従業員青森一郎の出張にあたり，旅費の概算額￥50,000を現金で渡した。（伝票番号 No.9）

〃日　秋田自動車販売店から営業用車両￥2,680,000を買い入れ，代金は月末に支払うことにした。（伝票番号 No.10）

受験番号＿＿＿＿＿＿

3 青森商店の下記の取引について，

(1) 仕訳帳に記入して，総勘定元帳（略式）に転記しなさい。

(2) 買掛金元帳に記入して，締め切りなさい。

(3) 1月末における合計試算表を作成しなさい。

ただし，i　商品に関する勘定は3分法によること。

ii　仕訳帳の小書きは省略する。

iii　総勘定元帳および買掛金元帳には，日付と金額を記入すればよい。

取　　引

1月 5日　仕入先 北海道商店から次の商品を仕入れ，代金のうち￥500,000は小切手を振り出して支払い，残額は掛けとした。

A　品	200個	@￥1,150	￥230,000
B　品	300個	@￥1,740	￥522,000

6日　仕入先 北海道商店から仕入れた上記商品の一部に品質不良のものがあったので，次のとおり返品した。なお，この代金は買掛金から差し引くことにした。

A　品	20個	@￥1,150	￥23,000

7日　事務用の付箋と蛍光ペンを現金で購入し，次の領収証を受け取った。

領　収　証

令和○年1月7日

青森商店　様

￥3,800 —

但　付箋および蛍光ペン代として

上記正に領収いたしました。

青森県八戸市２０－７

八戸文房具店

9日　得意先 東京商店に次の商品を売り渡し，代金は掛けとした。

A　品	450個	@￥1,920	￥864,000

12日　仕入先 和歌山商店に対する買掛金の一部￥260,000を現金で支払った。

14日　商品陳列用ケース￥380,000を買い入れ，代金は小切手を振り出して支払った。

次ページに続く

16日　仕入先 北海道商店に対する買掛金の一部について，次の小切手を振り出して支払った。

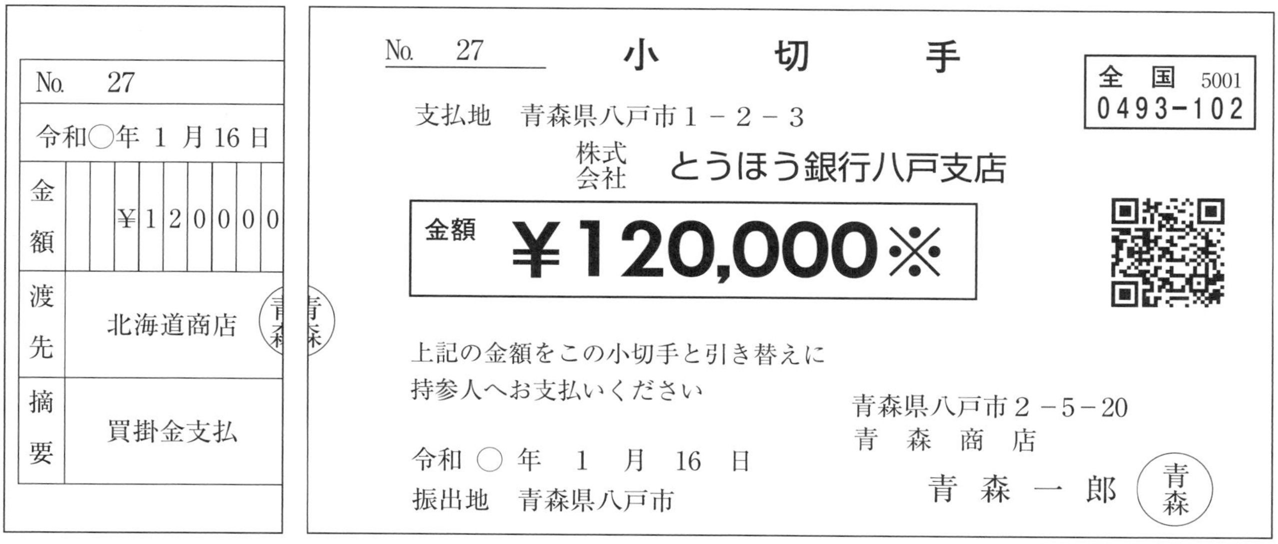

No. 27
令和◯年 1 月 16 日
金額 ￥120000
渡先 北海道商店
摘要 買掛金支払

No. 27　小　切　手
全国 5001 0493-102
支払地　青森県八戸市１－２－３
株式会社 とうほう銀行八戸支店
金額 ￥120,000※
上記の金額をこの小切手と引き替えに
持参人へお支払いください
令和 ◯ 年　1　月　16　日
振出地　青森県八戸市
青森県八戸市２－５－20
青　森　商　店
青　森　一　郎

18日　本月分の水道料と電気料 ¥ 42,000 を現金で支払った。

20日　得意先 東京商店に対する売掛金の一部 ¥ 430,000 を，現金で受け取った。

22日　徳島商店に借用証書によって貸し付けていた ¥ 500,000 の返済を受け，その利息 ¥ 3,200 とともに同店振り出しの小切手で受け取り，ただちに当座預金とした。

23日　仕入先 和歌山商店から次の商品を仕入れ，代金は掛けとした。

B　品	320個	@ ¥ 1,630	¥ 521,600

25日　本月分の給料 ¥ 280,000 の支払いにあたり，所得税額 ¥ 19,000 を差し引いて，従業員の手取額を現金で支払った。

26日　得意先　広島商店に次の商品を売り渡し，代金は掛けとした。

A　品	160個	@ ¥ 1,920	¥ 307,200
B　品	180個	@ ¥ 1,890	¥ 340,200

29日　得意先 長崎商店に対する売掛金の一部 ¥ 330,000 を，小切手で受け取り，ただちに当座預金に預け入れた。

4 次の各問いに答えなさい。

(1) 北海道商店（個人企業）の下記の資料によって，次の金額を計算しなさい。

a．期末の負債総額　　b．売　上　原　価

資　　料

i　期首の資産総額　¥6,471,000（うち商品¥627,000）
ii　期首の負債総額　¥2,953,000
iii　期末の資産総額　¥7,825,000（うち商品¥717,000）
iv　期間中の純仕入高　¥4,252,000
v　当期純利益　¥1,280,000

(2) 次の用語を英語にしなさい。ただし，もっとも適当な語を下記の語群のなかから選び，その番号を記入すること。

ア．決　　算　　イ．貸　　方

1．Bookkeeping　　2．Closing books　　3．Debit　　4．Credit

(3) 次の文の［　　　　］にあてはまる最も適当な語を，下記の語群のなかから選び，その番号を記入しなさい。

総勘定元帳の売掛金勘定だけでは，得意先別の売掛金の残高や増減を知ることはできないため，得意先別に分けられた売掛金元帳を用いることがある。このように，売掛金勘定の記録を補う売掛金元帳のような帳簿のことを［　　　　］という。

1．主　要　簿　　2．補　助　簿　　3．分課制度

5 京都商店（個人企業　決算年1回　12月31日）の総勘定元帳勘定残高と決算整理事項は，次のとおりであった。よって，

(1) 決算整理仕訳を示しなさい。

(2) 仕入勘定に必要な記入をおこない，締め切りなさい。なお，勘定記入は日付・相手科目・金額を示すこと。

(3) 損益計算書および貸借対照表を完成しなさい。

元帳勘定残高

現　　金	¥953,000	当座預金	¥1,174,000	売　掛　金	¥2,300,000
貸倒引当金	12,000	繰越商品	865,000	備　　品	1,260,000
買　掛　金	1,890,000	前　受　金	150,000	借　入　金	700,000
資　本　金	3,000,000	売　　上	9,821,000	受取手数料	25,000
仕　　入	5,974,000	給　　料	2,030,000	支払家賃	720,000
消耗品費	68,000	水道光熱費	226,000	支払利息	28,000

決算整理事項

a．期末商品棚卸高　¥742,000

b．貸倒見積高　売掛金残高の2％と見積もり，貸倒引当金を設定する。

c．備品減価償却高　取得原価¥1,470,000　残存価額は零（0）　耐用年数7年とし，定額法により計算し，直接法で記帳している。

$$\text{定額法による年間の減価償却費}=\frac{\text{取得原価}-\text{残存価額}}{\text{耐用年数}}$$

第６回　簿記実務検定模擬試験問題　３級　商業簿記　〔解　答　用　紙〕

1

	借　方	貸　方
a		
b		
c		
d		

2

入　金　伝　票

令和○年　月　日　No.

科目		入金先	殿
摘　要		金　額	
合　計			

出　金　伝　票

令和○年　月　日　No.

科目		支払先	殿
摘　要		金　額	
合　計			

振　替　伝　票

令和○年　月　日　No.

勘　定　科　目	借　方	勘　定　科　目	貸　方
合　計		合　計	
摘要			

1 得点	2 得点	3 得点	4 得点	5 得点	総得点

年	組	番　号	名　前

3 (1)

仕訳帳

1

令和○年		摘要	元丁	借方	貸方
1	1	前期繰越高	✓	5,737,000	5,737,000

総勘定元帳

現金 1

1/1	648,000		

当座預金 2

1/1	1,987,000		

売掛金 3

1/1	1,210,000		

繰越商品 4

1/ 1	732,000		

貸付金 5

1/ 1	700,000		

備品 6

1/ 1	460,000		

買掛金 7

		1/ 1	1,037,000

所得税預り金 8

資本金 9

		1/ 1	4,700,000

売上 10

受取利息 11

仕入 12

給料 13

消耗品費 14

水道光熱費 15

(2) （注意）買掛金元帳は締め切ること。

買掛金元帳

北海道商店 1

		1/1	465,000

和歌山商店 2

		1/1	572,000

(3)

合計試算表

令和○年 1 月31日

借方	元丁	勘定科目	貸方
	1	現金	
	2	当座預金	
	3	売掛金	
	4	繰越商品	
	5	貸付金	
	6	備品	
	7	買掛金	
	8	所得税預り金	
	9	資本金	
	10	売上	
	11	受取利息	
	12	仕入	
	13	給料	
	14	消耗品費	
	15	水道光熱費	

3 得点	

4

(1)

a	¥	b	¥

(2)

ア		イ	

(3)

5

(1)

	借　　　方	貸　　　方
a		
b		
c		

(2) （注意）勘定には，日付・相手科目・金額を記入し，締め切ること。

仕　　入　　13

6,230,000	256,000

(3)

損　益　計　算　書

京都商店　　令和○年１月１日から令和○年12月31日まで　　（単位：円）

費　　用	金　　額	収　　益	金　　額
（　　　）	（　　　）	売　上　高	9,821,000
給　　料	2,030,000	受取手数料	25,000
（　　　）	（　　　）		
減価償却費	（　　　）		
支払家賃	720,000		
消耗品費	68,000		
水道光熱費	226,000		
支払利息	28,000		
（　　　）	（　　　）		
	（　　　）		（　　　）

貸　借　対　照　表

京都商店　　令和○年12月31日　　（単位：円）

資　　産	金　　額	負債および純資産	金　　額
現　　金	953,000	買　掛　金	1,890,000
当座預金	1,174,000	（　　　）	（　　　）
売　掛　金（　　　）		借　入　金	700,000
（　　　）（　　　）	（　　　）	資　本　金	3,000,000
（　　　）	（　　　）	（　　　）	（　　　）
備　　品	（　　　）		
	（　　　）		（　　　）

4 得点		**5** 得点	

公益財団法人 全国商業高等学校協会主催・文部科学省後援　とうほう

第７回　簿記実務検定模擬試験問題３級　商業簿記

（制限時間１時間30分）

1 下記の取引の仕訳を示しなさい。ただし，勘定科目は，次のなかからもっとも適当なものを使用すること。

現　金	小口現金	当座預金	売掛金
貸倒引当金	前払金	仮払金	買掛金
前受金	仮受金	売　上	仕　入
貸倒引当金繰入	貸倒損失		

a．得意先東西商店が倒産し，前期から繰り越された同店に対する売掛金￥56,000が回収不能となったため，貸し倒れとして処理した。ただし，貸倒引当金勘定の残高が￥30,000ある。

b．さきに，仮受金勘定で処理していた￥50,000について，本日，その金額は，得意先熊本商店に対する売掛金の回収額であることがわかった。

c．岩手商店から商品￥600,000を仕入れ，代金はさきに支払ってある内金￥120,000を差し引き，残額は掛けとした。

d．新潟商店では定額資金前渡法（インプレスト・システム）を採用することとし，小口現金として小切手￥70,000を振り出して庶務係に渡した。

2 南国商店の次の取引を入金伝票・出金伝票・振替伝票のうち，必要な伝票に記入しなさい。

取　　引

4月10日　三重商店から商品陳列用ケース￥300,000を買い入れ，代金は小切手＃18を振り出して支払った。（伝票番号　No.86）

〃 日　インターネット接続料金￥9,000を岐阜通信社に現金で支払った。（伝票番号　No.21）

受験番号＿＿＿＿＿＿

3 広島商店の下記の取引について，

(1) 仕訳帳に記入して，総勘定元帳（略式）に転記しなさい。

(2) 売掛金元帳に記入して締め切りなさい。

(3) 1月末における残高試算表を作成しなさい。

ただし，i 商品に関する勘定は3分法によること。

ii 仕訳帳の小書きは省略する。

iii 総勘定元帳および売掛金元帳には，日付と金額を記入すればよい。

取　　引

1月 8日 得意先 香川商店に次の商品を売り渡し，代金のうち¥300,000は同店振り出しの小切手＃3を受け取り，残額は掛けとした。

A 品	500個	@¥650	¥325,000
B 品	300個	@¥700	¥210,000

10日 得意先 香川商店に売り渡した上記商品の一部が，次のとおり返品された。なお，この代金は売掛金から差し引くことにした。

A 品	20個	@¥650	¥ 13,000

12日 事務用のプリンタ用インクカートリッジを現金で購入し，次の領収証を受け取った。

領　収　証

令和○年１月12日

広島商店　様

¥8,000 —

但　インクカートリッジ代として

上記正に領収いたしました。

〒722-0002
尾道市中央町１番１号
尾道文房具店

13日 仕入先 静岡商店から次の商品を仕入れ，代金は掛けとした。

納　　品　　書

令和○年 1 月 13 日

広島県広島市東区西町１－２－３
広島商店　御中

静岡県静岡市１－１
静岡商店

下記の通り納品いたします。

商品名	数量	単価	金額	備考
A　品	1,000	400	400,000	
C　品	320	550	176,000	
以下余白				
		合計	¥ 576,000	

次ページに続く

14日　仕入先 静岡商店から1月13日に仕入れた商品の一部に品質不良のものがあったので，次のとおり返品した。なお，この代金は買掛金から差し引くことにした。

C　品　　20個　　@¥550　　¥ 11,000

15日　従業員の出張にあたり，旅費の概算額として¥50,000を現金で渡した。

17日　神奈川商店に借用証書によって，現金¥200,000を貸し付けた。

19日　仕入先 静岡商店に対する買掛金の一部について，次の小切手を振り出して支払った。

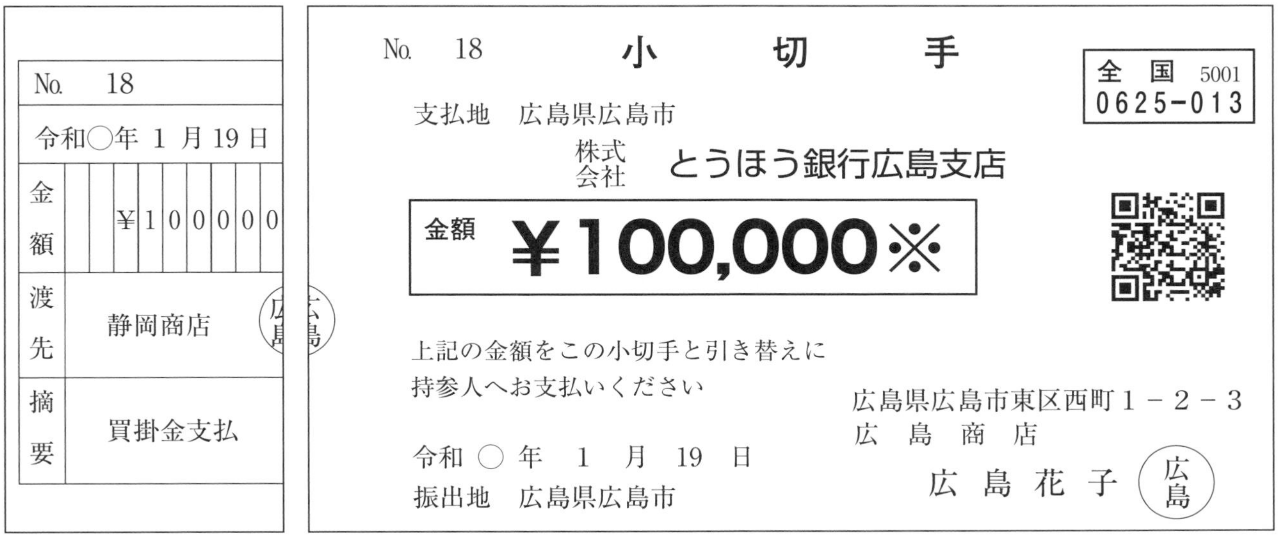

No. 18
令和○年 1 月 19 日
金額 ¥100000
渡先 静岡商店
摘要 買掛金支払

No. 18　小　切　手
全国 5001
0625-013
支払地　広島県広島市
株式会社 とうほう銀行広島支店
金額 ¥100,000※
上記の金額をこの小切手と引き替えに
持参人へお支払いください
令和 ○ 年 1 月 19 日
振出地　広島県広島市
広島県広島市東区西町１－２－３
広 島 商 店
広 島 花 子

20日　従業員の出張にさいし，旅費の概算額として¥50,000を仮払いしていたが，本日，従業員が帰店して精算をおこない，残額¥7,000を現金で受け取った。

21日　得意先 高知商店に次の商品を売り渡し，代金は掛けとした。

C　品　　450個　　@¥600　　¥270,000

23日　得意先 高知商店から売掛金の一部¥250,000を現金で受け取り，ただちに当座預金口座に預け入れた。

25日　本月分の給料¥630,000の支払いにあたり，所得税額¥72,000を差し引いて，従業員の手取金を現金で支払った。

31日　神奈川商店に借用証書によって貸し付けていた¥200,000を，その利息¥3,000とともに現金で受け取った。

4 次の各問いに答えなさい。

(1) 次の用語を英語にしなさい。ただし，もっとも適当な語を下記の語群のなかから選び，その番号を記入すること。

ア．負　　債　　イ．仕 入 勘 定　　ウ．損益計算書

1．Purchase account　　2．Share capital account　　3．Balance Sheet
4．Profit and Loss statement　　5．Cost of goods sold　　6．Liabilities

(2) 長崎商店（個人企業）の下記の資料によって，次の金額を計算しなさい。

a．売 上 原 価　　b．期末の負債総額

資　　料

i　期首の資産総額　¥5,670,000（うち商品¥450,000）
ii　期首の負債総額　¥1,440,000
iii　期末の資産総額　¥7,200,000（うち商品¥480,000）
iv　期間中の純仕入高　¥3,650,000
v　当 期 純 利 益　¥1,400,000

5 沖縄商店（個人企業　決算年1回　12月31日）の残高試算表と決算整理事項は，次のとおりであった。よって，

(1) 精算表を完成しなさい。
(2) 売上勘定に必要な記入をおこない，締め切りなさい。ただし，勘定記入は，日付・相手科目・金額を示すこと。

残 高 試 算 表
令和○年12月31日

借　　方	元丁	勘定科目	貸　　方
835,000	1	現　　　金	
2,620,000	2	当 座 預 金	
2,900,000	3	売　掛　金	
	4	貸 倒 引 当 金	27,000
860,000	5	繰 越 商 品	
355,000	6	備　　　品	
	7	買　掛　金	2,057,000
	8	借　入　金	550,000
	9	資　本　金	4,100,000
	10	売　　　上	8,760,000
	11	受 取 手 数 料	(　　　)
6,162,000	12	仕　　　入	
1,284,000	13	給　　　料	
360,000	14	支 払 家 賃	
118,000	15	消 耗 品 費	
78,000	16	雑　　　費	
57,000	17	支 払 利 息	
(　　　)			(　　　)

決算整理事項

a．期末商品棚卸高　¥890,000
b．貸 倒 見 積 高　売掛金残高の2％と見積もり，貸倒引当金を設定する。
c．備品減価償却高　取得原価¥400,000　残存価額は取得原価の10％　耐用年数は8年とし，定額法により計算し，直接法で記帳している。

$$\text{定額法による年間の減価償却費} = \frac{\text{取得原価} - \text{残存価額}}{\text{耐用年数}}$$

第７回　簿記実務検定模擬試験問題　３級　商業簿記　〔解　答　用　紙〕

1

	借　方	貸　方
a		
b		
c		
d		

2

入　金　伝　票

令和○年　月　日　No.____

科目		入金先	殿
摘　要		金　額	
合　計			

出　金　伝　票

令和○年　月　日　No.____

科目		支払先	殿
摘　要		金　額	
合　計			

振　替　伝　票

令和○年　月　日　No.____

勘　定　科　目	借　方	勘　定　科　目	貸　方
合　計		合　計	
摘要			

1 得点	2 得点	3 得点	4 得点	5 得点	総得点

年	組	番　号	名　前

3 (1)

仕　訳　帳

1

令和○年		摘　　要	元丁	借　方	貸　方
1	1	前期繰越高	✓	2,420,000	2,420,000

総　勘　定　元　帳

現　金　1

1/ 1	704,000	

当　座　預　金　2

1/ 1	600,000	

売　掛　金　3

1/ 1	496,000	

繰越商品 4

1/ 1	620,000		

仮払金 5

貸付金 6

買掛金 7

		1/ 1	420,000

所得税預り金 8

資本金 9

		1/ 1	2,000,000

売上 10

受取利息 11

仕入 12

給料 13

旅費 14

消耗品費 15

(2) (注意) 売掛金元帳は締め切ること。

売 掛 金 元 帳

香川商店 1

1/1	280,000		

高知商店 2

1/1	216,000		

(3)

残 高 試 算 表

令和○年 1 月31日

借方	元丁	勘定科目	貸方
	1	現金	
	2	当座預金	
	3	売掛金	
	4	繰越商品	
	5	仮払金	
	6	貸付金	
	7	買掛金	
	8	所得税預り金	
	9	資本金	
	10	売上	
	11	受取利息	
	12	仕入	
	13	給料	
	14	旅費	
	15	消耗品費	

3 得点	

4

(1)

ア		イ		ウ	

(2)

a	¥	b	¥

5

(1)

精　算　表
令和○年12月31日

勘定科目	残高試算表		整理記入		損益計算書		貸借対照表	
	借方	貸方	借方	貸方	借方	貸方	借方	貸方
現金								
当座預金								
売掛金								
貸倒引当金								
繰越商品								
備品								
買掛金								
借入金								
資本金								
売上								
受取手数料								
仕入								
給料								
支払家賃								
消耗品費								
雑費								
支払利息								

(2) （注意）i　売上勘定の記録は，合計額で示してある。
ii　勘定には，日付・相手科目・金額を記入し，締め切ること。

売　上　10

	8,760,000

4 得点			**5** 得点		

公益財団法人 全国商業高等学校協会主催・文部科学省後援　とうほう

第８回　簿記実務検定模擬試験問題３級　商業簿記

（制限時間１時間30分）

1 下記の取引の仕訳を示しなさい。ただし，勘定科目は，次のなかからもっとも適当なものを使用すること。

現金	小口現金	当座預金	売掛金
貸倒引当金	仮払金	建物	買掛金
所得税預り金	仮受金	売上	仕入
通信費	消耗品費	雑費	

a．出張中の従業員から当店の当座預金口座に￥68,000の振り込みがあったが，その内容は不明である。

b．従業員から預かっていた所得税の源泉徴収額￥103,000を税務署に現金で納付した。

c．店舗用に建物￥3,300,000を購入し，代金は小切手を振り出して支払った。なお，登記料と買入手数料の合計額￥340,000は現金で支払った。

d．定額資金前渡法（インプレスト・システム）を採用している富山商店の会計係は，かねて庶務係に小口現金として￥50,000を前渡ししていたが，本日，当月分の支払高について，次のとおり報告を受けたので，ただちに小切手を振り出して補給した。

通信費　￥13,000　　消耗品費　￥20,000　　雑費　￥7,000

2 東西商店の次の取引を入金伝票・出金伝票・振替伝票のうち，必要な伝票に記入しなさい。

取引

1月12日　大阪商店から貸付金の利息￥8,000を現金で受け取った。（伝票番号　No.14）

〃日　奈良商店から借用証書によって借り入れていた￥400,000を，小切手＃7を振り出して返済した。（伝票番号　No.26）

3 新潟商店の下記の取引について，

(1) 仕訳帳に記入して，総勘定元帳（略式）に転記しなさい。

(2) A品の商品有高帳に記入して締め切りなさい。

(3) 1月末における合計試算表を作成しなさい。

ただし，i　商品に関する勘定は3分法によること。

ii　仕訳帳の小書きは省略する。

iii　総勘定元帳には，日付と金額を記入すればよい。

iv　商品有高帳の記入は，先入先出法によること。

取　　引

1月 2日　仕入先 群馬商店から次の商品を仕入れ，代金は掛けとした。

A　品　300個　@¥ 900　¥270,000

4日　得意先 栃木商店に次の商品を売り渡し，代金は掛けとした。

A　品　400個　@¥1,350　¥540,000

B　品　100個　@¥ 750　¥ 75,000

6日　得意先 栃木商店に売り渡した上記商品の一部について，次のとおり返品された。なお，この代金は売掛金から差し引くことにした。

B　品　20個　@¥ 750　¥ 15,000

12日　仕入先 群馬商店に対する買掛金¥400,000を現金で支払った。

14日　得意先 栃木商店に対する売掛金の一部¥290,000を同店振り出しの小切手で受け取り，ただちに当座預金口座に預け入れた。

15日　仕入先 神奈川商店から次の商品を仕入れ，代金は掛けとした。

納　　品　　書　　令和◯年 1 月 15 日

新潟県上越市東区西町１－２－３
新潟商店　御中

神奈川県横浜市西区東１－１
神奈川商店　㊞

下記の通り納品いたします。

商　品　名	数　量	単　価	金　　額	備考
A　　　品	400	1,000	400,000	
B　　　品	300	800	240,000	
以下余白				
		合計	¥　640,000	

次ページに続く

17日　従業員の出張にあたり，旅費の概算額として￥70,000を現金で渡した。

19日　仕入先 群馬商店に対する買掛金の一部について，次の小切手を振り出して支払った。

No.	21
令和◯年 1 月 19 日	
金額	￥50000
渡先	群馬商店
摘要	買掛金支払

新潟

No.　21　　小　切　手

全　国　5001
0214-043

支払地　新潟県上越市

株式会社　とうほう銀行上越支店

金額　￥50,000※

上記の金額をこの小切手と引き替えに
持参人へお支払いください

令和 ◯ 年　1　月　19　日
振出地　新潟県上越市

新潟県上越市東区西町１－２－３
新　潟　商　店
新　潟　富　子　新潟

20日　従業員の出張にさいし，旅費の概算額として￥70,000を仮払いしていたが，本日，従業員が帰店して精算をおこない，残額￥4,000を現金で受け取った。

21日　得意先 茨城商店から商品￥280,000の注文を受け，内金として￥60,000を現金で受け取った。

25日　本月分の給料￥490,000の支払いにあたり，所得税額￥54,000を差し引いて，従業員の手取金を現金で支払った。

27日　得意先 茨城商店に次の商品を売り渡し，代金はさきに受け取った内金￥60,000を差し引き，残額は掛けとした。

A　品	200個	@￥1,400	￥280,000

31日　仕入先 神奈川商店に対する買掛金の一部を次の小切手を振り出して支払った。

No.	22
令和◯年 1 月 31 日	
金額	￥400000
渡先	神奈川商店
摘要	買掛金支払

新潟

No.　22　　小　切　手

全　国　5001
0214-043

支払地　新潟県上越市

株式会社　とうほう銀行上越支店

金額　￥400,000※

上記の金額をこの小切手と引き替えに
持参人へお支払いください

令和 ◯ 年　1　月　31　日
振出地　新潟県上越市

新潟県上越市東区西町１－２－３
新　潟　商　店
新　潟　富　子　新潟

4 次の各問いに答えなさい。

(1) 次の用語を英語であらわした場合，もっとも適当な語を下記の語群のなかから選び，その番号を記入しなさい。

ア．売 上 原 価　　　イ．勘 定 科 目

1．Cost of goods sold　　2．Net Assets　　3．Account title　　4．Bookkeeping

(2) 次の文の［　　　］にあてはまるもっとも適当な語を，下記の語群のなかから選び，その番号を記入しなさい。

総勘定元帳への転記が正しくおこなわれているのかを確認するために，総勘定元帳の各勘定の借方合計と貸方合計の差額を集めて［　　　］を作成する。この表は，精算表の作成や決算の基礎的な資料としても用いられる。

1．合計試算表　　2．精　算　表　　3．残高試算表

(3) 山口商店（個人企業）の下記の損益勘定と資料によって，次の金額を計算しなさい。

a．売　上　原　価　　b．期末の資産総額

損　　　益

12/31	仕　　入	(　　　)	12/31	売　　上	8,000,000
〃	給　　料	500,000			
〃	支払家賃	300,000			
〃	雑　　費	100,000			
〃	資 本 金	(　　　)			
		8,000,000			8,000,000

資　　料

i	期首の資産総額	¥5,000,000
ii	期首の負債総額	¥3,000,000
iii	期末の負債総額	¥3,500,000
iv	当 期 純 利 益	¥　200,000

5 東北商店（個人企業　決算年１回　12月31日）の総勘定元帳勘定残高と決算整理事項は，次のとおりであった。よって，

(1) 決算整理事項の仕訳を示しなさい。

(2) 損益勘定に必要な記入をおこない，締め切りなさい。ただし，勘定記入は，日付・相手科目・金額を示すこと。

(3) 繰越試算表を完成しなさい。

元帳勘定残高

現　　金	¥　498,000	当 座 預 金	¥　790,000	売 掛 金	¥1,800,000
貸倒引当金	42,000	繰 越 商 品	400,000	備　　品	320,000
買 掛 金	732,000	借 入 金	300,000	資 本 金	2,000,000
売　　上	4,805,000	受取手数料	24,000	仕　　入	2,975,000
給　　料	741,000	支 払 家 賃	288,000	雑　　費	18,000
支 払 利 息	73,000				

決算整理事項

a．期末商品棚卸高　　¥480,000

b．貸 倒 見 積 高　　売掛金残高の３％と見積もり，貸倒引当金を設定する。

c．備品減価償却高　　取得原価¥400,000　残存価額は零（0）　耐用年数５年とし，定額法により計算し，直接法で記帳している。

$$\text{定額法による年間の減価償却費} = \frac{\text{取得原価} - \text{残存価額}}{\text{耐用年数}}$$

第８回　簿記実務検定模擬試験問題　３級　商業簿記　〔解　答　用　紙〕

1

	借　　　方	貸　　　方
a		
b		
c		
d		

2

入　金　伝　票

令和◯年　月　日　No.＿＿

科目		入金先	殿
摘　　要		金　　額	
合　　計			

出　金　伝　票

令和◯年　月　日　No.＿＿

科目		支払先	殿
摘　　要		金　　額	
合　　計			

振　替　伝　票

令和◯年　月　日　No.＿＿

勘　定　科　目	借　　方	勘　定　科　目	貸　　方
合　　計		合　　計	
摘要			

1 得点	2 得点	3 得点	4 得点	5 得点	総得点

年	組	番　号	名　　　前

3 (1)

仕　訳　帳

1

令和○年		摘　要	元丁	借　方	貸　方
1	1	前期繰越高	✓	3,250,000	3,250,000

総　勘　定　元　帳

現　金　1

1/ 1	1,204,000		

当　座　預　金　2

1/ 1	840,000		

売　掛　金　3

1/ 1	793,000		

繰越商品	4
1/ 1 413,000	

仮払金	5

買掛金	6
	1/ 1 750,000

所得税預り金	7

前受金	8

資本金	9
	1/ 1 2,500,000

売上	10

仕入	11

給料	12

旅費	13

(2) （注意）商品有高帳は締め切ること。

商品有高帳

(先入先出法)　　(品名) A品　　(単位：個)

令和○年		摘要	受入			払出			残高		
			数量	単価	金額	数量	単価	金額	数量	単価	金額
1	1	前月繰越	200	850	170,000				200	850	170,000

(3)

合計試算表

令和○年 1 月31日

借方	元丁	勘定科目	貸方
	1	現金	
	2	当座預金	
	3	売掛金	
	4	繰越商品	
	5	仮払金	
	6	買掛金	
	7	所得税預り金	
	8	前受金	
	9	資本金	
	10	売上	
	11	仕入	
	12	給料	
	13	旅費	

3 得点	

4

(1)

ア		イ	

(2)

(3)

a	¥	b	¥

5

(1)

	借　　　方	貸　　　方
a		
b		
c		

(2) （注意）勘定には，日付・相手科目・金額を記入し，締め切ること。

損　　　益　　　19

〃	給　　料	741,000	〃	受取手数料	24,000
〃	支払家賃	288,000			
〃	雑　　費	18,000			
〃	支払利息	73,000			

(3)

繰越試算表
令和○年12月31日

借　　方	元丁	勘定科目	貸　　方
498,000	1	現　　　金	
790,000	2	当座預金	
	3	売　掛　金	
	4	貸倒引当金	
480,000	5	繰越商品	
	6	備　　　品	
	7	買　掛　金	732,000
	8	借　入　金	300,000
	9	資　本　金	

4 得点	

5 得点	

公益財団法人 全国商業高等学校協会主催・文部科学省後援　とうほう

第９回　簿記実務検定模擬試験問題３級　商業簿記

（制限時間１時間30分）

1 下記の取引の仕訳を示しなさい。ただし，勘定科目は，次のなかからもっとも適当なものを使用すること。

現　金	当座預金	普通預金	定期預金
売掛金	前払金	買掛金	借入金
前受金	売　上	受取利息	通信費
水道光熱費	支払利息		

a．定期預金 ¥550,000 が満期となったため，利息 ¥12,600 とともに普通預金口座に預け入れた。

b．秋田商店に商品 ¥610,000 を売り渡し，代金はさきに受け取っていた内金 ¥210,000 を差し引き，残額は掛けとした。

c．千葉商店から借用証書によって ¥960,000 を借り入れていたが，本日，利息 ¥12,000 とともに現金で返済した。

d．営業用に使用している携帯電話の料金 ¥14,000 と水道料金 ¥36,000 が当座預金口座から引き落とされた。

2 熊本商店の次の取引を入金伝票・出金伝票・振替伝票のうち，必要な伝票に記入しなさい。

取　引

11月13日　宮崎商店から商品陳列用ケース ¥612,000 を買い入れ，代金は小切手＃25を振り出して支払った。（伝票番号　No.41）

〃 日　かねて佐賀商店に借用証書により貸し付けていた ¥350,000 を，本日現金で回収した。（伝票番号　No.46）

受験番号＿＿＿＿＿＿

3 愛媛商店の下記の取引について，

(1) 仕訳帳に記入して，総勘定元帳（略式）に転記しなさい。

(2) 売上帳に記入して，締め切りなさい。

(3) 1月末における合計試算表を作成しなさい。

ただし，i　商品に関する勘定は3分法によること。

ii　仕訳帳の小書きは省略する。

iii　総勘定元帳には，日付と金額を記入すればよい。

取　　引

1月 7日　商品陳列棚 ¥189,000 を購入し，代金は小切手を振り出して支払った。

9日　得意先 高知商店に次の商品を売り渡し，代金は同店振り出しの小切手で受け取り，ただちに当座預金口座に預け入れた。

B　品	200個	@¥1,560	¥312,000
C　品	300個	@¥　970	¥291,000

10日　事務用の文房具 ¥5,700 を現金で購入した。

14日　仕入先 香川商店から次の商品を仕入れ，代金は掛けとした。

A　品	100個	@¥1,370	¥137,000
B　品	300個	@¥1,080	¥324,000

15日　仕入先 香川商店から仕入れた上記商品の一部に品質不良のものがあったので，次のとおり返品した。なお，この代金は買掛金から差し引くことにした。

A　品	10個	@¥1,370	¥　13,700

18日　得意先 徳島商店に商品を次の納品書のとおり売り渡し，代金は掛けとした。

納　　品　　書　　令和○年 1 月 18 日

徳島県徳島市 19 − 3
徳島商店　御中

愛媛県今治市 8 − 4
愛媛商店

下記の通り納品いたします。

商　品　名	数　量	単　価	金　　額	備考
B　　　品	250	1,560	390,000	
以下余白				
		合計	¥　390,000	

20日　得意先 徳島商店に売り渡した上記商品の一部に品違いがあったので，次のとおり返品された。なお，この代金は売掛金から差し引くことにした。

B　品	30個	@¥1,560	¥　46,800

次ページに続く

21日　得意先 高知商店に対する売掛金の一部¥480,000を，同店振り出しの小切手で受け取った。

23日　仕入先 広島商店に対する買掛金の一部について，次の小切手を振り出して支払った。

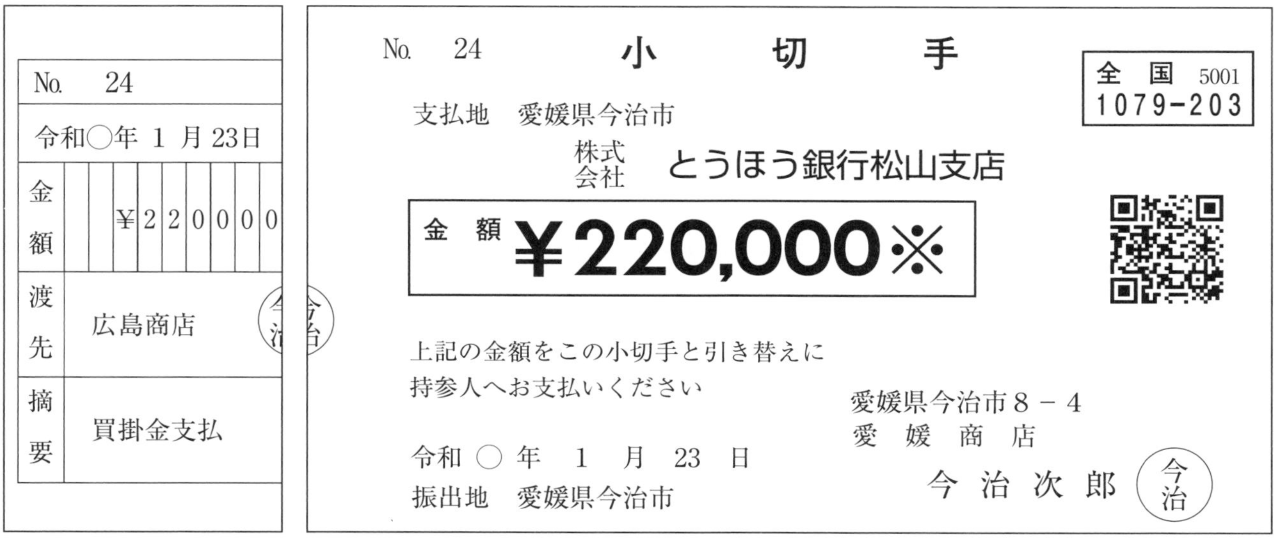
No. 24
令和○年 1 月23日
金額 ¥220000
渡先 広島商店
摘要 買掛金支払
今治

No. 24　小　切　手
全 国 5001
1079-203
支払地　愛媛県今治市
株式会社　とうほう銀行松山支店
金 額　¥220,000※
上記の金額をこの小切手と引き替えに
持参人へお支払いください
令和 ○ 年 1 月 23 日
振出地　愛媛県今治市
愛媛県今治市８－４
愛 媛 商 店
今 治 次 郎　今治

25日　本月分の給料¥425,000の支払いにあたり，所得税額¥79,000を差し引いて，従業員の手取額を現金で支払った。

26日　インターネット利用料金¥28,600が当座預金口座から引き落とされた。

28日　仕入先 広島商店から次の商品を仕入れ，代金は掛けとした。

B　品　150個　@¥1,040　¥156,000

29日　仕入先 香川商店に対する買掛金の一部¥120,000を，現金で支払った。

4 次の各問いに答えなさい。

(1) 次の各文の□にあてはまるもっとも適当な語を，下記の語群のなかから選び，その番号を記入しなさい。

a．売掛金勘定に対する貸倒引当金勘定のように，ある勘定の金額を修正する性質をもつ勘定を［ア］という。

b．企業の財政状態や経営成績を明らかにするために，一定の時間的な区切りを設ける。この時間的な区切りのことを［イ］という。

1．会計単位　　2．評価勘定　　3．会計期間　　4．統制勘定　　5．損益勘定

(2) 大分商店（個人企業）の資本金勘定と繰越試算表によって，繰越試算表の（ ア ）～（ ウ ）の金額を計算しなさい。ただし，期間中の収益総額は¥8,037,000　費用総額は¥6,952,000であり，期末商品棚卸高は¥781,000であった。

資　本　金　8

12/31 次期繰越	（　　）	1/ 1 前期繰越	2,100,000
		12/31 損　益	（　　）
	（　　）		（　　）

繰　越　試　算　表

令和○年12月31日

借　方	元丁	勘定科目	貸　方
（ ウ ）	1	現　金	
915,000	2	当座預金	
654,000	3	売掛金	
（　　）	4	繰越商品	
897,000	5	備　品	
	6	買掛金	439,000
	7	借入金	280,000
	8	資本金	（ ア ）
（ イ ）			（ イ ）

5 島根商店（個人企業　決算年1回　12月31日）の総勘定元帳勘定残高と決算整理事項は，次のとおりであった。よって，

(1) 決算整理事項の仕訳を示しなさい。

(2) 繰越商品勘定に必要な記入をおこない，締め切りなさい。ただし，勘定記入は日付・相手科目・金額を示すこと。

(3) 損益計算書および貸借対照表を完成しなさい。

元帳勘定残高

現　金	¥ 385,200	当座預金	¥2,137,300	売掛金	¥3,060,000
貸倒引当金	39,000	繰越商品	924,000	備　品	687,500
買掛金	1,443,200	借入金	550,000	資本金	4,700,000
売　上	8,142,000	受取手数料	38,000	仕　入	5,404,000
給　料	1,870,000	支払家賃	360,000	消耗品費	27,300
雑　費	45,900	支払利息	11,000		

決算整理事項

a．期末商品棚卸高　　¥913,000

b．貸倒見積高　　売掛金残高の2％と見積もり，貸倒引当金を設定する。

c．備品減価償却高　　取得原価¥1,100,000　残存価額は零（0）　耐用年数8年とし，定額法により計算し，直接法で記帳している。

$$\text{定額法による年間の減価償却費}=\frac{\text{取得原価}-\text{残存価額}}{\text{耐用年数}}$$

第９回　簿記実務検定模擬試験問題　３級　商業簿記〔解　答　用　紙〕

1

	借　　方	貸　　方
a		
b		
c		
d		

2

入　金　伝　票

令和〇年　月　日　No.＿＿

科目		入金先	殿
摘　　要		金　　額	
合　　計			

出　金　伝　票

令和〇年　月　日　No.＿＿

科目		支払先	殿
摘　　要		金　　額	
合　　計			

振　替　伝　票

令和〇年　月　日　No.＿＿

勘　定　科　目	借　　方	勘　定　科　目	貸　　方
合　　計		合　　計	
摘要			

1 得点	2 得点	3 得点	4 得点	5 得点	総得点

年	組	番　号	名　　前

3 (1)

仕　訳　帳

1

令和○年		摘　　要	元丁	借　方	貸　方
1	1	前期繰越高	✓	3,707,000	3,707,000

総勘定元帳

現　金　1

1/ 1　351,000	

当座預金　2

1/ 1　1,570,000	

売掛金　3

1/ 1　791,000	

貸倒引当金　4

	1/ 1　31,000

繰越商品　5

1/ 1　435,000	

備　品　6

1/ 1　560,000	

買　掛　金			7
		1/ 1	276,000

所得税預り金	8

資　本　金			9
		1/ 1	3,400,000

売　上	10

仕　入	11

給　料	12

通　信　費	13

消　耗　品　費	14

(2)　(注意) 売上帳は締め切ること。

売　上　帳　　1

令和○年		摘　要	内　訳	金　額

(3)

合　計　試　算　表

令和○年 1 月31日

借　方	元丁	勘定科目	貸　方
	1	現　金	
	2	当座預金	
	3	売掛金	
	4	貸倒引当金	
	5	繰越商品	
	6	備　品	
	7	買掛金	
	8	所得税預り金	
	9	資本金	
	10	売　上	
	11	仕　入	
	12	給　料	
	13	通信費	
	14	消耗品費	

3 得点	

4

(1)

ア		イ	

(2)

ア	¥	イ	¥	ウ	¥

5

(1)

	借　方	貸　方
a		
b		
c		

(2)　（注意）勘定には，日付・相手科目・金額を記入し，締め切ること。

繰　越　商　品　　5

924,000	

(3)

損　益　計　算　書

島根商店　　令和○年1月1日から令和○年12月31日まで　　（単位：円）

費　用	金　額	収　益	金　額
（　　　）		（　　　）	
給　料		受 取 手 数 料	
（　　　）			
（　　　）			
支 払 家 賃			
消 耗 品 費			
雑　費			
支 払 利 息			
（　　　）			

貸　借　対　照　表

島根商店　　令和○年12月31日　　（単位：円）

資　産		金　額	負債および純資産	金　額
現　金			買　掛　金	
当 座 預 金			借　入　金	
売　掛　金	（　　　）		資　本　金	
（　　　）	（　　　）		（　　　）	
（　　　）				
備　品				

4 得点		**5** 得点	

公益財団法人 全国商業高等学校協会主催・文部科学省後援　　とうほう

第10回　簿記実務検定模擬試験問題３級　商業簿記

（制限時間１時間30分）

1 下記の取引の仕訳を示しなさい。ただし，勘定科目は，次のなかからもっとも適当なものを使用すること。

現金	小口現金	当座預金	売掛金
貸倒引当金	前払金	仮払金	前受金
仮受金	受取手数料	通信費	交通費
消耗品費	水道光熱費	貸倒引当金繰入	貸倒損失

a．定額資金前渡法を採用している三重商店の会計係は，月末に庶務係から当月分の支払いとして，次のとおり報告を受けたので，ただちに小切手を振り出して補給した。

通信費 ¥11,300　交通費 ¥17,500　消耗品費 ¥6,700　水道光熱費 ¥32,000

b．石川商店から商品¥350,000の注文を受け，内金として¥130,000を同店振り出しの小切手で受け取った。

c．さきに，仮受金勘定で処理していた¥120,000について，本日，その金額は得意先岐阜商店に対する売掛金の回収額であることがわかった。

d．得意先東西商店が倒産し，前期から繰り越された同店に対する売掛金¥129,000を貸し倒れとして処理した。ただし，貸倒引当金勘定の残高が¥113,000ある。

2 栃木商店の次の取引を入金伝票・出金伝票・振替伝票のうち，必要な伝票に記入しなさい。

取　　引

5月21日　群馬郵便局で郵便切手¥2,000を買い入れ，代金は現金で支払った。

（伝票番号　No.31）

〃日　北東銀行の預金口座から小切手#13を振り出して現金¥180,000を引き出した。

（伝票番号　No.24）

受験番号＿＿＿＿＿＿

3 愛知商店の下記の取引について，

(1) 仕訳帳に記入して，総勘定元帳（略式）に転記しなさい。

(2) 仕入帳に記入して，締め切りなさい。

(3) 1月末における残高試算表を作成しなさい。

ただし，i　商品に関する勘定は3分法によること。

ii　仕訳帳の小書きは省略する。

iii　総勘定元帳には，日付と金額を記入すればよい。

取　　引

1月 5日　得意先 三重商店に対する売掛金の一部 ¥230,000を同店振り出しの小切手#39で受け取った。

6日　仕入先 兵庫商店から次の商品を仕入れ，代金は掛けとした。

A　品	200個	@¥1,520	¥304,000
B　品	170個	@¥1,200	¥204,000

8日　仕入先 兵庫商店から6日に仕入れた商品の一部に品違いがあったので，次のとおり返品した。なお，この代金は買掛金から差し引くことにした。

B　品	10個	@¥1,200	¥ 12,000

10日　営業用のトラック ¥700,000を買い入れ，代金は翌月末に支払うことにした。

13日　仕入先 静岡商店に対する買掛金の一部について，次の小切手を振り出して支払った。

No.	24
	令和○年 1 月 13 日
金額	¥370000
渡先	静岡商店
摘要	買掛金支払

No.　24　　小　切　手　　全国 5001 0741-223

支払地　愛知県岡崎市２０－４

株式会社　とうほう銀行岡崎支店

金額　¥370,000※

上記の金額をこの小切手と引き替えに
持参人へお支払いください

令和 ○ 年　1　月　13　日
振出地　愛知県岡崎市

愛知県岡崎市２７－３－９
愛　知　商　店
愛　知　花　子　（愛知）

15日　得意先 奈良商店に次の商品を売り渡し，代金は掛けとした。

B　品	150個	@¥1,850	¥277,500
C　品	200個	@¥1,420	¥284,000

次ページに続く

18日　仕入先 静岡商店から次の商品を仕入れ，代金のうち￥150,000は小切手＃25を振り出して支払い，残額は掛けとした。

納　品　書　　令和◯年 1 月18日

愛知県岡崎市27 － 3 － 9
愛知商店　御中

静岡県沼津市13 － 3
静岡商店

下記の通り納品いたします。

商　品　名	数　量	単　価	金　　額	備考
A　　　品	138	1,500	207,000	
以下余白				
		合計	￥　207,000	

20日　営業用店舗の家賃￥100,000を，小切手＃26を振り出して支払った。

23日　文房具を現金で購入し，次のレシートを受け取った。

愛知事務用品店

愛知県岡崎市16-10
電話：0564-21-****

領　収　証

20XX年1月23日　No.1234

文房具	¥8,900
合 計	**¥8,900**
お預り	¥8,900
お釣り	¥0

上記正に領収いたしました

24日　得意先 奈良商店に対する売掛金の一部￥280,000を，同店振り出しの小切手＃89で受け取り，ただちに当座預金とした。

25日　本月分の給料￥320,000の支払いにあたり，所得税額￥24,000を差し引いて，従業員の手取額を現金で支払った。

26日　得意先 三重商店に次の商品を売り渡し，代金は掛けとした。

A　品　　160個　　@￥1,800　　￥288,000

28日　仕入先 兵庫商店に対する買掛金の一部￥340,000を，現金で支払った。

30日　仕入先 兵庫商店に商品を注文し，内金として￥180,000を小切手＃27を振り出して支払った。

4 次の各問いに答えなさい。

(1) 次の［　　　］に入る金額を求めなさい。

東北商店（個人企業）の期首の資産総額は¥3,485,000　負債総額は¥2,104,000であった。期末の資産総額は¥3,717,000で，この期間中の当期純損失が¥295,000であるとき，期末の負債総額は¥［　ア　］である。また，この期間中の費用総額が¥2,386,000であるとき，収益総額は¥［　イ　］である。

(2) 次の用語を英語にしなさい。ただし，もっとも適当な語を下記の語群のなかから選び，その番号を記入すること。

ア．費　　用　　イ．損益計算書　　ウ．仕　　訳

1．Expense　　2．Balance Sheet　　3．Journalizing
4．Assets　　5．Income　　6．Profit and Loss statement

5 福岡商店（個人企業　決算年1回　12月31日）の総勘定元帳勘定残高と決算整理事項は，次のとおりであった。よって，

(1) 決算整理事項の仕訳を示しなさい。
(2) 繰越試算表を完成しなさい。
(3) 損益計算書を完成しなさい。

元帳勘定残高

現　　金	¥1,460,000	当座預金	¥1,613,000	売 掛 金	¥2,650,000
貸倒引当金	36,000	繰越商品	821,000	貸 付 金	650,000
備　　品	840,000	買 掛 金	2,270,000	前 受 金	250,000
資 本 金	5,000,000	売　　上	8,482,000	受取利息	32,000
仕　　入	5,384,000	給　　料	1,710,000	支払家賃	600,000
通 信 費	210,000	消耗品費	108,000	雑　　費	24,000

決算整理事項

a．期末商品棚卸高　　¥763,000

b．貸 倒 見 積 高　　売掛金残高の3％と見積もり，貸倒引当金を設定する。

c．備品減価償却高　　取得原価¥1,080,000　残存価額は零（0）　耐用年数9年とし，定額法により計算し，直接法で記帳している。

$$\text{定額法による年間の減価償却費}=\frac{\text{取得原価}-\text{残存価額}}{\text{耐用年数}}$$

第10回　簿記実務検定模擬試験問題　３級　商業簿記〔解　答　用　紙〕

1

	借　方	貸　方
a		
b		
c		
d		

2

入　金　伝　票

令和◯年　月　日　　No.＿＿

科目		入金先	殿
摘　要		金　額	
合　計			

出　金　伝　票

令和◯年　月　日　　No.＿＿

科目		支払先	殿
摘　要		金　額	
合　計			

振　替　伝　票

令和◯年　月　日　　No.＿＿

勘定科目	借　方	勘定科目	貸　方
合　計		合　計	
摘要			

1 得点	2 得点	3 得点	4 得点	5 得点	総得点

年	組	番　号	名　前

3 (1)

仕　訳　帳

1

令和○年		摘　　要	元丁	借　方	貸　方
1	1	前期繰越高	✓	5,625,000	5,625,000

総　勘　定　元　帳

現　金　1

1/1	983,000	

当座預金　2

1/1	1,462,000	

売掛金　3

1/1	1,050,000	

繰越商品　4

1/1	630,000	

前払金　5

車両運搬具　6

1/1	1,500,000	

買掛金	7
	1/1 925,000

未払金	8

所得税預り金	9

資本金	10
	1/1 4,700,000

売上	11

仕入	12

給料	13

支払家賃	14

消耗品費	15

(2) (注意)仕入帳は締め切ること。

仕入帳 1

令和○年		摘要	内訳	金額

(3) 残高試算表
令和○年1月31日

借方	元丁	勘定科目	貸方
	1	現金	
	2	当座預金	
	3	売掛金	
	4	繰越商品	
	5	前払金	
	6	車両運搬具	
	7	買掛金	
	8	未払金	
	9	所得税預り金	
	10	資本金	
	11	売上	
	12	仕入	
	13	給料	
	14	支払家賃	
	15	消耗品費	

3 得点	

4

(1)

ア	¥	イ	¥

(2)

ア		イ		ウ	

5

(1)

	借　　　　　方	貸　　　　　方
a		
b		
c		

(2)

繰　越　試　算　表

令和○年12月31日

借　　　方	元丁	勘定科目	貸　　　方
	1	現　　　　金	
	2	当　座　預　金	
	3	売　　掛　　金	
	4	貸　倒　引　当　金	
	5	繰　越　商　品	
	6	貸　　付　　金	
	7	備　　　　品	
	8	買　　掛　　金	
	9	前　　受　　金	
	10	資　　本　　金	

(3)

損　　益　　計　　算　　書

福岡商店　　　令和○年1月1日から令和○年12月31日まで　　　(単位：円)

費　　　用	金　　　額	収　　　益	金　　　額
売　上　原　価		(　　　　　)	
給　　　　料		受　取　利　息	
(　　　　　)			
(　　　　　)			
支　払　家　賃			
通　　信　　費			
(　　　　　)			
雑　　　　費			
(　　　　　)			

4 得点		**5** 得点	

公益財団法人全国商業高等学校協会主催・文部科学省後援　令和5年1月22日実施

第95回　簿記実務検定第3級試験問題　商業簿記　（制限時間1時間30分）

1　下記の取引の仕訳を示しなさい。ただし，勘定科目は，次のなかからもっとも適当なものを使用すること。

現金	当座預金	普通預金	定期預金
売掛金	貸倒引当金	貸付金	仮払金
買掛金	借入金	仮受金	貸倒損失

a．山梨銀行に定期預金として現金¥300,000を預け入れた。

b．出張中の従業員から当店の当座預金口座に¥70,000の振り込みがあったが，その内容は不明である。

c．鹿児島商店へ借用証書によって，現金¥800,000を貸し付けた。

d．得意先 南北商店が倒産し，前期から繰り越された同店に対する売掛金¥45,000が回収不能となったため，貸し倒れとして処理した。ただし，貸倒引当金勘定の残高が¥26,000ある。

2　熊本商店の次の取引を入金伝票・出金伝票・振替伝票のうち，必要な伝票に記入しなさい。ただし，不要な伝票は空欄のままにしておくこと。

取　　　引

1月17日　長崎郵便局で郵便切手¥4,200を買い入れ，代金は現金で支払った。
（伝票番号　No.39）

〃日　福岡事務機器から営業用の金庫¥135,000を買い入れ，代金は小切手#8を振り出して支払った。
（伝票番号　No.56）

受験番号＿＿＿＿＿＿＿

3 岐阜商店（個人企業）の下記の取引について，

(1) 仕訳帳に記入して，総勘定元帳（略式）に転記しなさい。

(2) 売掛金元帳に記入して締め切りなさい。

(3) 1月末における残高試算表を作成しなさい。

ただし，i 商品に関する勘定は3分法によること。

ii 仕訳帳における小書きは省略すること。

iii 総勘定元帳および売掛金元帳には，日付と金額を記入すればよい。

取　　引

1月 5日 仕入先 長野商店に対する買掛金の一部 ¥8,000 を，小切手を振り出して支払った。

6日 得意先 佐賀商店に次の商品を売り渡し，代金は掛けとした。

A 品　50個　@¥120　¥6,000

10日 水道光熱費 ¥4,700 が普通預金口座から引き落とされた。

11日 仕入先 静岡商店から商品を仕入れ，次の納品書を受け取った。なお，代金は掛けとした。

納　品　書

令和○年 1 月11日

〒502-0931
岐阜市則武新屋敷1816-6
岐阜商店　　御中

〒420-0068 静岡市葵区田町7-90
静岡商店

下記のとおり納品いたします。

商品名	数　量	単位	単　価	金　額	備考
A 品	200	個	100	20,000	
以下余白					
			合　計	¥20,000	

16日 得意先 大分商店に次の商品を売り渡し，代金は掛けとした。

A 品　200個　@¥120　¥24,000

B 品　60〃　〃〃250　¥15,000

18日 得意先 佐賀商店に対する売掛金の一部 ¥17,000 を小切手で受け取り，ただちに当座預金に預け入れた。

20日　高山文房具店から事務用帳簿・伝票を購入し，代金は現金で支払い，次の領収証を受け取った。

領　収　証

令和○年１月20日

岐阜商店　御中

¥4,300ー

但し　事務用帳簿・伝票代金　として
上記正に領収いたしました

〒506-8555
高山市花岡町2-18
高山文房具店　（高山文房具店）

23日　仕入先 長野商店から次の商品を仕入れ，代金は掛けとした。

Ｂ　品　80個　@¥200　¥16,000

25日　本月分の給料 ¥20,000 の支払いにあたり，所得税額 ¥1,000 を差し引いて，従業員の手取額を現金で支払った。

26日　得意先 大分商店に対する売掛金 ¥35,000 を現金で受け取った。

27日　1月分の家賃 ¥15,000 が普通預金口座から引き落とされた。

30日　仕入先 長野商店に対する買掛金の一部について，次の小切手を振り出して支払った。

ZS0013	
令和○年１月30日	
金額	¥28000
渡先	長野商店
摘要	買掛金支払い
残高	¥53000

（岐阜）

ZS0013　小　切　手

全国　5001
0914-0019

支払地　岐阜県岐阜市三田洞465-5
株式会社　全商銀行　岐阜支店

金額　¥28,000※

上記の金額をこの小切手と引き替えに
持参人へお支払いください
拒絶証書不要

振出日　令和○年１月30日
振出地　岐阜県岐阜市
岐阜市則武新屋敷1816-6
岐阜商店
振出人　岐　阜　一　郎　（岐阜）

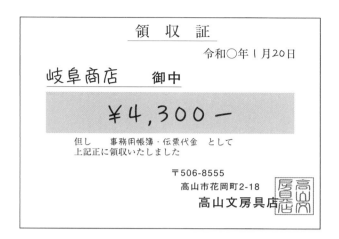

4 次の各問いに答えなさい。

(1) 次の用語を英語であらわした場合，もっとも適当な語を下記の語群のなかから選び，その番号を記入しなさい。

ア．簿記　　　　イ．現金勘定

1. Sales account　　2. Cash account　　3. Assets　　4. Bookkeeping

(2) 次の文の［　　　］にあてはまるもっとも適当な語を，下記の語群のなかから選び，その番号を記入しなさい。

損益計算書は，一会計期間の［　　　］を明らかにするために，収益と費用の内容を示した報告書である。

1. 財政状態　　2. 財産管理　　3. 経営成績

(3) 宮崎商店（個人企業）の下記の資料によって，次の金額を計算しなさい。

a．期間中の費用総額　　b．期首の負債総額

資　　料

i	期間中の収益総額	¥8,600,000
ii	当期純利益	¥450,000
iii	期首の資産総額	¥3,700,000
iv	期末の資産総額	¥4,120,000
v	期末の負債総額	¥1,900,000

5 愛知商店（個人企業　決算年1回　12月31日）の総勘定元帳勘定残高と決算整理事項は，次のとおりであった。よって，

(1) 決算整理事項の仕訳を示しなさい。

(2) 備品勘定と水道光熱費勘定に必要な記入をおこない，締め切りなさい。ただし，勘定記入は日付・相手科目・金額を示すこと。

(3) 損益計算書および貸借対照表を完成しなさい。

元帳勘定残高

現　　金	¥397,000	当座預金	¥692,000	売掛金	¥500,000
貸倒引当金	6,000	繰越商品	390,000	備　品	375,000
買掛金	497,000	借入金	500,000	資本金	1,000,000
売　　上	7,263,000	受取手数料	192,000	仕　入	5,520,000
給　　料	1,068,000	支払家賃	360,000	保険料	54,000
水道光熱費	86,000	支払利息	16,000		

決算整理事項

a．期末商品棚卸高　¥428,000

b．貸倒見積高　売掛金残高の2％と見積もり，貸倒引当金を設定する。

c．備品減価償却高　取得原価¥450,000　残存価額は零（0）　耐用年数6年とし，定額法により計算し，直接法で記帳している。

$$\text{定額法による年間の減価償却費}=\frac{\text{取得原価}-\text{残存価額}}{\text{耐用年数}}$$

公益財団法人 全国商業高等学校協会主催・文部科学省後援

第95回　簿記実務検定　3級　商業簿記〔解答用紙〕

1

	借方	貸方
a		
b		
c		
d		

2

入金伝票

令和○年　月　日　　No.

科目		入金先	殿
摘要		金額	
合計			

出金伝票

令和○年　月　日　　No.

科目		支払先	殿
摘要		金額	
合計			

振替伝票

令和○年　月　日　　No.

勘定科目	借方	勘定科目	貸方
合計		合計	
摘要			

1 得点		2 得点		3 得点		4 得点		5 得点		総得点	

年	組	番号	名前

3 (1)

仕　訳　帳

1

令和○年		摘　要	元丁	借　方	貸　方
/	/	前期繰越高	✓	232,000	232,000

総勘定元帳

現　金　1

日付	借方	日付	貸方
1/ 1	32,000		

当座預金　2

日付	借方	日付	貸方
1/ 1	72,000		

普通預金　3

日付	借方	日付	貸方
1/ 1	38,000		

売掛金　4

日付	借方	日付	貸方
1/ 1	59,000		

繰越商品　5

日付	借方	日付	貸方
1/ 1	31,000		

買掛金　6

日付	借方	日付	貸方
		1/ 1	32,000

所得税預り金　7

日付	借方	日付	貸方

資本金　8

日付	借方	日付	貸方
		1/ 1	200,000

売　　上	9

仕　　入	10

給　　料	11

支払家賃	12

消耗品費	13

水道光熱費	14

(2)　(注意) 売掛金元帳は締め切ること。

売掛金元帳

佐賀商店		1
1/ 1	24,000	

大分商店		2
1/ 1	35,000	

(3)

残高試算表

令和○年1月31日

借　方	元丁	勘定科目	貸　方
43,700	1	現金	
	2	当座預金	
	3	普通預金	
	4	売掛金	
	5	繰越商品	
	6	買掛金	
	7	所得税預り金	
	8	資本金	
	9	売上	
	10	仕入	
	11	給料	
	12	支払家賃	
	13	消耗品費	
	14	水道光熱費	

4　(1)

ア		イ	

(2)

(3)

a	¥	b	¥

3 得点	

4 得点	

5

(1)

	借　　　方	貸　　　方
a		
b		
c		

(2) （注意）ⅰ　水道光熱費勘定の記録は，合計額で示してある。
ⅱ　勘定には，日付・相手科目・金額を記入し，締め切ること。

備　　品　　6

1/ 1	前期繰越	375,000			

水道光熱費　　16

		86,000			

(3)

損益計算書

愛知商店　　令和○年1月1日から令和○年12月31日まで　　（単位：円）

費　　用	金　　額	収　　益	金　　額
売上原価		売上高	
給料		受取手数料	192,000
貸倒引当金繰入			
減価償却費			
支払家賃	360,000		
保険料			
水道光熱費			
支払利息			
（　　　　）			

貸借対照表

愛知商店　　令和○年12月31日　　（単位：円）

資　　産	金　　額	負債および純資産	金　　額
現金	397,000	買掛金	
当座預金		借入金	500,000
売掛金（　　　　）		資本金	
貸倒引当金（　　　　）		（　　　　）	
商品			
備品			

5 得点	

公益財団法人全国商業高等学校協会主催・文部科学省後援　令和５年６月25日実施

第96回　簿記実務検定第３級試験問題　商業簿記　（制限時間１時間30分）

1　下記の取引の仕訳を示しなさい。ただし，勘定科目は，次のなかからもっとも適当なものを使用すること。

現　　　金　　小　口　現　金　　当　座　預　金　　普　通　預　金
貸　付　金　　仮　払　金　　借　入　金　　仮　受　金
資　本　金　　交　通　費　　消　耗　品　費　　雑　　　費

a．近畿商店から借用証書によって，現金￥800,000を借り入れた。

b．従業員の出張にあたり，旅費の概算額として￥97,000を現金で渡した。

c．和歌山商店（個人企業）は，現金￥1,200,000を出資して開業した。

d．定額資金前渡法を採用している新潟商店の会計係は，月末に庶務係から次の小口現金出納帳にもとづいて，当月分の支払高の報告を受けたので，ただちに小切手を振り出して補給した。

小　口　現　金　出　納　帳

収入	令和○年		摘要	支出	内訳			残高
					交通費	消耗品費	雑費	
30,000	6	1	前月繰越					30,000
			合計	23,800	14,600	5,700	3,500	

2　石川商店の次の取引を入金伝票・出金伝票・振替伝票のうち，必要な伝票に記入しなさい。ただし，不要な伝票は空欄のままにしておくこと。

取　　　引

6月19日　富山商店から貸付金に対する利息￥16,000を現金で受け取った。
（伝票番号　No.52）

〃日　福井通信社に，広告料￥470,000を小切手#20を振り出して支払った。
（伝票番号　No.83）

受験番号＿＿＿＿＿＿

3 滋賀商店（個人企業）の下記の取引について，

(1) 仕訳帳に記入して，総勘定元帳（略式）に転記しなさい。

(2) 買掛金元帳に記入して締め切りなさい。

(3) 1月末における合計試算表を作成しなさい。

ただし，i 商品に関する勘定は3分法によること。

ii 仕訳帳における小書きは省略すること。

iii 総勘定元帳および買掛金元帳には，日付と金額のみを記入すればよい。

取　　引

1月 4日 得意先 奈良商店に次の商品を売り渡し，代金は掛けとした。

B品　250個　@¥108　¥27,000

5日 仕入先 京都商店から次の商品を仕入れ，代金は掛けとした。

A品　400個　@¥120　¥48,000

12日 仕入先 大阪商店に対する買掛金 ¥28,000 を現金で支払った。

13日 得意先 兵庫商店に対する売掛金の一部 ¥94,100 が当座預金口座に入金された。

16日 仕入先 大阪商店から商品を仕入れ，次の納品書を受け取った。なお，代金は掛けとした。

No. 0007961　　**納　品　書**　　令和○年1月16日

〒520-0037
滋賀県大津市御陵町2番1号

滋賀商店　　御中

〒543-0042
大阪府大阪市天王寺区烏ヶ辻2-9-26
大阪商店

下記のとおり納品いたします。

品　名	数　量	単位	単　価	金　額
B　品	250	個	80	20,000
C　品	425	個	40	17,000
			合　計	¥37,000

18日 得意先 兵庫商店に次の商品を売り渡し，代金は掛けとした。

A品　325個　@¥168　¥54,600

C品　350個　@¥ 60　¥21,000

19日 得意先 兵庫商店に売り渡した商品の一部について，次のとおり返品された。なお，この代金は売掛金から差し引くことにした。

C品　25個　@¥ 60　¥ 1,500

次ページに続く

*20*日　仕入先 京都商店に対する買掛金の一部 *¥52,000* について，小切手を振り出して支払った。

*24*日　固定電話の利用料金 *¥4,600* を現金で支払った。

*25*日　本月分の給料 *¥38,900* の支払いにあたり，所得税額 *¥3,200* を差し引いて，従業員の手取額を現金で支払った。

*27*日　大津文具店から事務用の文房具を現金で購入し，次のレシートを受け取った。

大津文具店

大津市御陵町3番1号
電話：077-523-****

領　収　証

20XX年1月27日	No.1234
文房具	¥1,900
合 計	**¥1,900**
お預り	¥1,900
お釣り	¥0

上記正に領収いたしました

*30*日　得意先 奈良商店に対する売掛金の一部を次の小切手で受け取った。

ZS0105　**小　　切　　手**　全国5001 0914-098

支払地　奈良県奈良市柏木町248
株式会社　**全商銀行奈良支店**

金 額　**¥60,000※**

奈良

上記の金額をこの小切手と引き替えに
持参人へお支払いください
拒絶証書不要
振出日　令和○年1月30日
振出地　奈良県大和高田市

奈良県大和高田市材木町8-3
奈　良　商　店
振出人　奈　良　一　郎　（奈良）

4 次の各問いに答えなさい。

(1) 次の文の［　　　　］にあてはまるもっとも適当な語を，下記の語群のなかから選び，その番号を記入しなさい。

a．企業は，経営活動をおこなうため，現金・商品・建物・備品などの財貨や，後日，一定金額を受け取る権利である売掛金・貸付金などの債権をもっている。このような企業の経営活動に必要な財貨や債権を資産といい，英語では［　　　　］という。

1. Liabilities　　2. Assets　　3. Net Assets

b．簿記では，取引を記帳する方法のひとつとして，取引を二面的にとらえて借方の要素と貸方の要素に分解し，両者の結合関係を記録する方法がある。このように取引を二面的に記帳する方法を［　　　　］といい，借方の金額と貸方の金額は必ず等しくなる。

1. 単式簿記　　2. 会計単位　　3. 複式簿記

(2) 北海道商店（個人企業）の下記の資本金勘定と資料によって，次の金額を計算しなさい。

a．期間中の収益総額　　b．期首の負債総額　　c．期末の資本金

資　本　金

12/31	次期繰越	(　　　)	1/1	前期繰越	2,160,000
			12/31	損　益	(　　　)
		(　　　)			(　　　)

資　　料

i 期首の資産総額　¥5,738,000
ii 期間中の費用総額　¥6,154,000
iii 当期純利益　¥259,000

5 三重商店（個人企業　決算年1回　12月31日）の決算整理事項は，次のとおりであった。よって，

(1) 精算表を完成しなさい。

(2) 備品勘定および給料勘定に必要な記入をおこない，締め切りなさい。ただし，勘定記入は，日付・相手科目・金額を示すこと。

決算整理事項

a．期末商品棚卸高　¥723,000

b．貸倒見積高　売掛金残高の2％と見積もり，貸倒引当金を設定する。

c．備品減価償却高　取得原価 ¥400,000　残存価額は零（0）　耐用年数10年とし，定額法により計算し，直接法で記帳している。

$$定額法による年間の減価償却費 = \frac{取得原価 - 残存価額}{耐用年数}$$

公益財団法人 全国商業高等学校協会主催・文部科学省後援

第96回　簿記実務検定　３級　商業簿記〔解 答 用 紙〕

1

	借　　方	貸　　方
a		
b		
c		
d		

2

入　金　伝　票

令和○年　月　日　No.____

科目		入金先	殿
摘　　要		金　　額	
合　　計			

出　金　伝　票

令和○年　月　日　No.____

科目		支払先	殿
摘　　要		金　　額	
合　　計			

振　替　伝　票

令和○年　月　日　No.____

勘　定　科　目	借　　方	勘　定　科　目	貸　　方
合　　計		合　　計	
摘要			

1 得点	2 得点	3 得点	4 得点	5 得点	総得点

年	組	番　号	名　　前

3 (1)

仕　訳　帳　　　1

令和○年		摘　要	元丁	借　方	貸　方
1	1	前期繰越高	✓	473,000	473,000

総勘定元帳

現　金　1

1/ 1	123,400		

当座預金　2

1/ 1	113,000		

売掛金　3

1/ 1	161,200		

繰越商品　4

1/ 1	75,400		

買掛金　5

		1/ 1	104,000

所得税預り金　6

資　本　金　7	
	1/ 1　369,000

売　上　8	

仕　入　9	

給　料　10	

通　信　費　11	

消　耗　品　費　12	

(2) （注意）買掛金元帳は締め切ること。

買　掛　金　元　帳

京　都　商　店　1	
	1/ 1　76,000

大　阪　商　店　2	
	1/ 1　28,000

(3)

合　計　試　算　表

令和○年1月31日

借　方	元丁	勘定科目	貸　方
	1	現　金	
	2	当　座　預　金	
	3	売　掛　金	
	4	繰　越　商　品	
	5	買　掛　金	
	6	所　得　税　預　り　金	
	7	資　本　金	
	8	売　上	
	9	仕　入	
	10	給　料	
	11	通　信　費	
	12	消　耗　品　費	

4

(1)

a		b	

(2)

a	¥	b	¥
c	¥		

3 得点	

4 得点	

5 (1)

精　　算　　表

令和○年12月31日

勘定科目	残高試算表		整理記入		損益計算書		貸借対照表	
	借方	貸方	借方	貸方	借方	貸方	借方	貸方
現金	350,000							
当座預金	678,000							
売掛金	800,000							
貸倒引当金		6,000						
繰越商品	538,000							
備品	360,000							
買掛金		1,020,000						
資本金		1,700,000						
売上		6,857,000						
受取手数料		47,000						
仕入	4,090,000							
給料	1,284,000							
支払家賃	912,000							
水道光熱費	579,000							
雑費	39,000							
	9,630,000	9,630,000						
貸倒引当金繰入								
減価償却費								
当期純利益								

(2) (注意) i　給料勘定の記録は，合計額で示してある。
ii　勘定には，日付・相手科目・金額を記入し，締め切ること。

備　　品　　6

1/ 1	前期繰越	360,000	

給　　料　　12

1,284,000	

5 得点	

第97回簿記実務検定試験問題(第3級)解答

ポイント

1

▶❶ 机といすのセットなど，長期にわたって使用する物品で￥100,000以上のものは，備品勘定（資産の勘定）で処理する。

▶❷ 企業内部の従業員に対する立替金については，従業員立替金勘定（資産の勘定）で処理する。

▶❸ 開業時の出資のことを資本の元入れといい，資産の増加と資本金の増加を記帳する。この問題では現金を元入れしているので，現金勘定（資産の勘定）の借方と資本金勘定（純資産の勘定）の貸方に記入する。

▶❹ 前期から繰り越された売掛金が貸し倒れた場合には，貸倒引当金を取り崩す。貸倒引当金勘定（売掛金勘定などを修正する評価勘定）の残高が不足している場合には，不足額については貸倒損失勘定（費用の勘定）で処理する。

2

▶❶ 定期預金口座への現金の預け入れについては，定期預金勘定（資産の勘定）で処理する。このとき現金を出金しているので，出金伝票を起票する。仕訳を示すと次のようになる。

(借)定期預金　*500,000*　(貸)現　　金　*500,000*

▶❷ 小切手を振り出して広告料を支払っているので，入金も出金もおこなわれていない。そのため振替伝票を起票する。仕訳を示すと次のようになる。

(借)広 告 料　*190,000*　(貸)当座預金　*190,000*

1 (小計16点)

		借方		貸方	
▶❶④	a	備品	*390,000*	当座預金	*390,000*
▶❷④	b	従業員立替金	*78,000*	現金	*78,000*
▶❸④	c	現金	*1,600,000*	資本金	*1,600,000*
▶❹④	d	貸倒引当金	*40,000*	売掛金	*40,000*

2 (小計8点)

入金伝票
令和○年　月　日　No.____

科目		入金先	殿
摘要		金額	
合計			

出金伝票
令和○年1月26日　No. 58

科目	定期預金	支払先	全商銀行　殿
摘要		金額	
定期預金として預け入れ		*500000*	
合計		*500000*	

▶❶④

振替伝票
令和○年1月26日　No. 74

	勘定科目	借方	勘定科目	貸方
▶❷④	広告料	*190000*	当座預金	*190000*
	合計	*190000*	合計	*190000*
	摘要	島根新聞社に広告料支払い　小切手＃3を振り出し		

3

(1)

▶❶ 岩手商店からＢ品250個を１個あたり￥80で仕入れたことを読み取る。掛けによる仕入取引なので，仕入勘定の借方と買掛金勘定の貸方に記入する。

▶❷ 山形商店にＡ品とＢ品を売り渡しているが，その合計金額で仕訳帳と総勘定元帳に記録する。売上取引の詳細については，売上帳に記入することになる。

▶❸ 当座預金の減少については，小切手の振り出し以外に，一定の契約に基づいて，公共料金などが引き落とされる場合もあることに注意する。この場合は水道光熱費を引き落としで支払っているので，水道光熱費勘定（費用の勘定）の借方と当座預金勘定（資産の勘定）の貸方に記入する。

▶❹ 引取費用などの仕入諸掛がある場合には，仕入諸掛を仕入原価に含めるため，仕入勘定の借方に記入する。

▶❺ 従業員の所得税の納付については，給料を支払うさいに一定の金額を差し引いて企業が預かり，従業員に代わって企業が納付する源泉徴収がおこなわれている。このときの企業の預り金は，所得税を納付するための預り金なので，所得税預り金勘定（負債の勘定）で処理する。

▶❻ 現金で受け取っても，「ただちに当座預金に預け入れた」場合には，当座預金勘定（資産の勘定）で処理する。

▶❼ 小切手の券面記載事項より，秋田商店に対する買掛金の一部￥24,100を支払ったことを読み取る。

▶❽ 領収証（レシート）から，文房具￥300を現金で購入したことを読み取る。文房具については，消耗品費勘定（費用の勘定）で処理する。

▶❾ 繰越商品勘定（資産の勘定）は，決算整理まで何も記入されない。

3 （小計42点）

(1)

仕　訳　帳　1

	令和○年		摘　要		元丁	借　方	貸　方
	1	1	前期繰越高		✓	*190,100*	*190,100*
▶❶③		4	（仕　入）		11	**20,000**	
				（買 掛 金）	6		**20,000**
		5	（売 掛 金）		3	**26,000**	
				（売　上）	10		**26,000**
		9	（仕　入）		11	**85,000**	
				（買 掛 金）	6		**85,000**
③		10	（現　金）		1	**30,000**	
				（売 掛 金）	3		**30,000**
▶❷③		11	（現　金）		1	**113,000**	
				（売　上）	10		**113,000**
▶❸		12	（水道光熱費）		14	**7,800**	
				（当座預金）	2		**7,800**
▶❹		15	（仕　入）	諸　口	11	**24,600**	
				（買 掛 金）	6		**24,000**
				（現　金）	1		**600**
		18	（売 掛 金）		3	**57,500**	
				（売　上）	10		**57,500**
③		19	（保 険 料）		13	**900**	
				（当座預金）	2		**900**
▶❺		25	（給　料）	諸　口	12	**30,000**	
				（所得税預り金）	8		**1,500**
				（現　金）	1		**28,500**
▶❻		29	（当座預金）		2	**43,000**	
				（売 掛 金）	3		**43,000**
▶❼		30	（買 掛 金）		6	**24,100**	
				（当座預金）	2		**24,100**
▶❽		31	（消耗品費）		15	**300**	
				（現　金）	1		**300**

※（勘定科目の（　　）はなくてもよい。）
※「諸口」は記入しなくてもよい。

総　勘　定　元　帳

現　金　1

1/1	*8,700*	**1/15**	**600**
10	**30,000**	**25**	**28,500**
11	**113,000**	**31**	**300**

当　座　預　金　2

1/1	*64,800*	**1/12**	**7,800**
29	**43,000**	**19**	**900**
		30	**24,100**

売　掛　金　3

	1/1	*73,000*	**1/10**	**30,000**
	5	**26,000**	**29**	**43,000**
③	**18**	**57,500**		

▶❾ 繰　越　商　品　4

1/1	*7,600*		

備　品　5

1/1	*36,000*		

買　掛　金　6

③	**1/30**	**24,100**	1/1	*24,100*
			4	**20,000**
			9	**85,000**
			15	**24,000**

借　入　金　7

		1/1	*26,000*

所得税預り金　8

		1/25	**1,500**

資　本　金　9

		1/1	*140,000*

売　上　10

		1/5	**26,000**
		11	**113,000**
		18	**57,500**

仕　入　11

	1/4	**20,000**		
	9	**85,000**		
③	**15**	**24,600**		

給　料　12

1/25	**30,000**		

保　険　料　13

1/19	**900**		

水道光熱費　13

③	**1/12**	**7,800**		

消　耗　品　費　14

1/31	**300**		

(2)

売　掛　金　元　帳

▶⓾ 宮　城　商　店　1

③	1/1	30,000	1/10	**30,000**
	5	**26,000**	31	26,000
		56,000		**56,000**

▶⓫ 山　形　商　店　2

1/1	43,000	1/29	**43,000**	③
18	**57,500**	31	57,500	
	100,500		**100,500**	

(3)

合　計　試　算　表

令和○年１月31日

	借　方	元丁	勘定科目	貸　方	
	151,700	1	現　金	**29,400**	③
③	**107,800**	2	当座預金	**32,800**	
▶⓬	**156,500**	3	売　掛　金	**73,000**	
▶⓭	**7,600**	4	繰越商品		
	36,000	5	備　品		
	24,100	6	買　掛　金	**153,100**	
		7	借　入　金	**26,000**	
		8	所得税預り金	**1,500**	
		9	資　本　金	**140,000**	▶⓮
		10	売　上	**196,500**	
	129,600	11	仕　入		
③	**30,000**	12	給　料		
	900	13	保　険　料		
	7,800	14	水道光熱費		
	300	15	消耗品費		
③	**652,300**			**652,300**	

4 （小計10点）

(1)

	▶❶			▶❷		
a	**2** ②	b	ア	**2** ②	イ	**3** ②

(2)

	▶❸		▶❹
a	¥ **485,000** ②	b	¥ **3,621,000** ②

ポイント

(2)

▶⓾ 宮城商店に対する売掛金に関する取引を宮城商店勘定に転記する。１月５日と１月10日の取引が該当する。次期繰越については赤字で記入する。

▶⓫ 山形商店に対する売掛金に関する取引を山形商店勘定に転記する。１月18日と１月29日の取引が該当する。次期繰越については赤字で記入する。

(3)

▶⓬ 宮城商店勘定の借方合計金額 ¥ *56,000* と山形商店勘定の借方合計金額 ¥ *100,500* の合計と売掛金勘定の借方合計金額 ¥ *156,500* が一致していることを確認する。

▶⓭ 繰越商品勘定（資産の勘定）には決算整理まで何も記入されないので，期首商品棚卸高 ¥ *7,600* 以外，何も記入されない。

▶⓮ 資本金勘定の残高は，決算振替仕訳によって，当期純利益が損益勘定から資本金勘定に振り替えられるまでは変化しない。

4

(1)

▶❶ 簿記は英語表記では，Bookkeepingである。

▶❷ 財政状態を明らかにするために資産・負債・純資産（資本等）の各項目を示す報告書とは,，貸借対照表のことである。一方，経営成績を明らかにする報告書は損益計算書である。

(2)

▶❸ 期間中の収益総額から費用総額を差し引いて，当期純利益を計算する。

¥ *4,265,000* － ¥ *3,780,000* ＝ ¥ *485,000*

▶❹ 期首の資産総額から期首の負債総額を差し引いて，期首の資本金の金額を計算する。

¥ *6,871,000* － ¥ *3,490,000* ＝ ¥ *3,381,000*

期首の資産総額 ¥ *6,871,000*	期首の負債総額 ¥ *3,490,000*
	期首の資本金 （¥ *3,381,000*）

期首の資本金と当期純利益を合計すると，期末の資本金が計算できる。

¥ *3,381,000* ＋ ¥ *259,000* ＝ ¥ *3,640,000*

期末の資産総額 ¥ *7,261,000* から期末の資本金を差し引くと，期末の負債総額を計算することができる。

¥ *7,261,000* － ¥ *3,640,000* ＝ ¥ *3,621,000*

期末の資産総額 ¥ *7,261,000*	期末の負債総額 （¥ *3,621,000*）
	期末の資本金 ¥ *3,640,000*

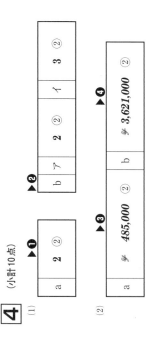

5 （小計24点）

(1)

精　　算　　表

令和〇年12月31日まで

勘定科目	残高試算表 借方	残高試算表 貸方	整理記入 借方	整理記入 貸方	損益計算書 借方	損益計算書 貸方	貸借対照表 借方	貸借対照表 貸方	
現　　　金	*195,000*						**195,000**		④
当座預金	*1,581,000*						**1,581,000**		
売　掛　金	*350,000*						**350,000**		
貸倒引当金		*2,000*		**5,000**				**7,000**	④
繰越商品	*290,000*		**380,000**	**290,000**			**380,000**		
備　　　品	*320,000*			**80,000**			**240,000**		
買　掛　金		*764,000*						**764,000**	
資　本　金		*1,680,000*						**1,680,000**	
売　　　上		*4,890,000*				**4,890,000**			
受取手数料		*46,000*				**46,000**			
仕　　　入	*3,680,000*		**290,000**	**380,000**	**3,590,000**				▶❶④
給　　　料	*621,000*				**621,000**				
支払家賃	*210,000*				**210,000**				
水道光熱費	*108,000*				**108,000**				
雑　　　費	*27,000*				**27,000**				
	7,382,000	*7,382,000*							
貸倒引当金繰入			**5,000**		**5,000**				▶❷
減価償却費			**80,000**		**80,000**				▶❸
当期純利益					*295,000*			**295,000**	④
			755,000	**755,000**	**4,936,000**	**4,936,000**	**2,746,000**	**2,746,000**	

※　損益計算書欄の当期純利益*295,000*は，黒記でもよい。

(2)

備　　品 ▶❹

1/1	前期繰越	*320,000*	**12/31**	**減価償却費**	**80,000**
			〃	次期繰越	*240,000* ▶❹④
		320,000			**320,000**

受取手数料

▶❺④ **12/31**	**損　　益**	**46,000**			*46,000*

5

(1)

▶❶　期首商品棚卸高*¥290,000*を仕入勘定の借方に記入し，期末商品棚卸高*¥380,000*を仕入勘定から繰越商品勘定に振り替えて，売上原価を計算する。

仕　　入

期首商品 ¥290,000	売上原価 (¥3,590,000)
当期仕入 ¥3,680,000	
	期末商品 ¥380,000

▶❷　$¥350,000 \times 2\% - ¥2,000 = ¥5,000$

▶❸　$\dfrac{¥480,000 - ¥0}{6年} = ¥80,000$

(2)

▶❹　資産・負債・純資産（資本）の各勘定の残高については，貸借反対側に赤字で決算日と残高を記入し，摘要欄には「次期繰越」と赤字で記入する。

▶❺　収益と費用の勘定残高は損益勘定に振り替えることに注意する。

公益財団法人 全国商業高等学校協会主催・文部科学省後援

第97回 簿記実務検定 3級 商業簿記 〔解答用紙〕

1

	借方	貸方
a		
b		
c		
d		

2

入金伝票

令和○年 月 日　No.____

科目		入金先	殿

摘要	金額
合計	

出金伝票

令和○年 月 日　No.____

科目		支払先	殿

摘要	金額
合計	

振替伝票

令和○年 月 日　No.____

勘定科目	借方	勘定科目	貸方
合計		合計	
摘要			

1 得点	2 得点	3 得点	4 得点	5 得点	総得点

年	組	番号	名前

3 (1)

仕　訳　帳　　　1

令和○年		摘　要	元丁	借　方	貸　方
1	1	前期繰越高	✓	190,100	190,100

総勘定元帳

現　金　1

借方		貸方	
1/ 1	8,700		

当座預金　2

借方		貸方	
1/ 1	64,800		

売掛金　3

借方		貸方	
1/ 1	73,000		

繰越商品　4

借方		貸方	
1/ 1	7,600		

備　品　5

借方		貸方	
1/ 1	36,000		

買掛金　6

借方		貸方	
		1/ 1	24,100

借入金　7

借方		貸方	
		1/ 1	26,000

所得税預り金　8

借方		貸方	

資本金　9

借方		貸方	
		1/ 1	140,000

売　　上	10

仕　　入	11

給　　料	12

保　険　料	13

水道光熱費	14

消　耗　品　費	15

(2)　(注意) 売掛金元帳は締め切ること。

売　掛　金　元　帳

宮　城　商　店		1
1/1	30,000	

山　形　商　店		2
1/1	43,000	

(3)

合　計　試　算　表

令和○年1月31日

借　方	元丁	勘定科目	貸　方
	1	現　　　金	
	2	当　座　預　金	
	3	売　掛　金	
	4	繰　越　商　品	
	5	備　　　品	
	6	買　掛　金	
	7	借　入　金	
	8	所得税預り金	
	9	資　本　金	
	10	売　　　上	
	11	仕　　　入	
	12	給　　　料	
	13	保　険　料	
	14	水道光熱費	
	15	消　耗　品　費	

4

(1)

a	

b	ア		イ	

(2)

a	¥	b	¥

3 得点	

4 得点	

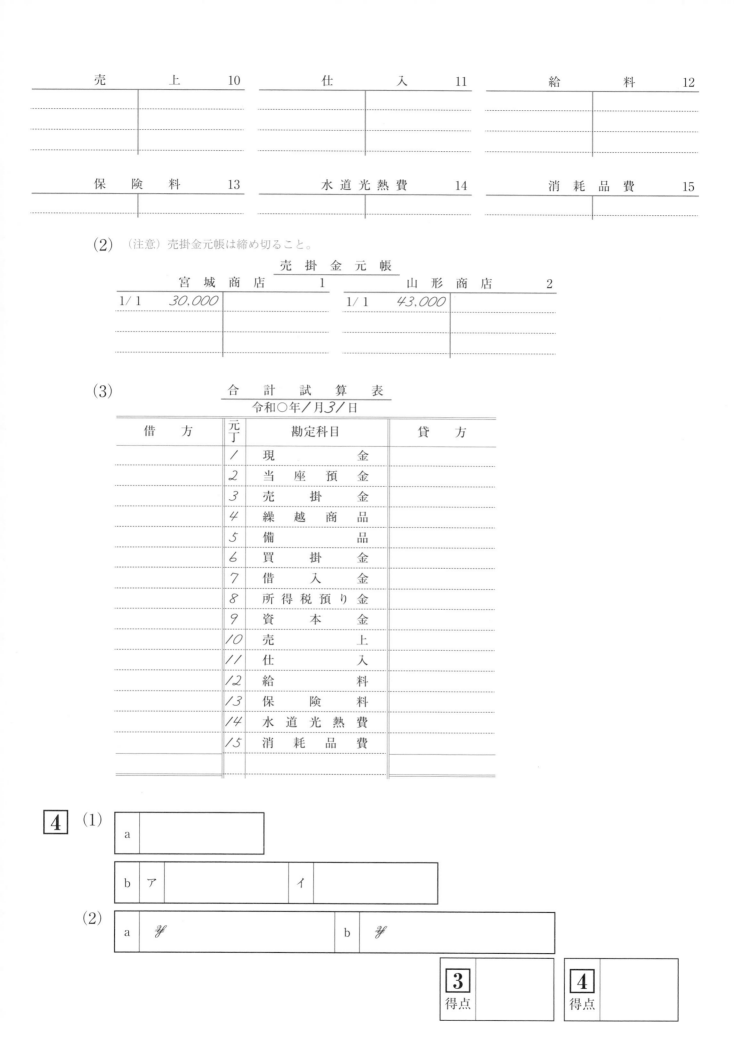

5

(1)

精　算　表

令和○年12月31日

勘定科目	残高試算表		整理記入		損益計算書		貸借対照表	
	借方	貸方	借方	貸方	借方	貸方	借方	貸方
現金	195,000							
当座預金	1,581,000							
売掛金	350,000							
貸倒引当金		2,000						
繰越商品	290,000							
備品	320,000							
買掛金		764,000						
資本金		1,680,000						
売上		4,890,000						
受取手数料		46,000						
仕入	3,680,000							
給料	621,000							
支払家賃	210,000							
水道光熱費	108,000							
雑費	27,000							
	7,382,000	7,382,000						
貸倒引当金繰入								
減価償却費								
当期純利益								

(2) (注意) i　受取手数料勘定の記録は，合計額で示してある。
ii　勘定には，日付・相手科目・金額を記入し，締め切ること。

備　品　6

日付	摘要	金額	日付	摘要	金額
1/1	前期繰越	320,000			

受取手数料　10

日付	摘要	金額	日付	摘要	金額
					46,000

5 得点	

公益財団法人 全国商業高等学校協会 主催
文部科学省 後援

令和５年度　第９７回
簿記実務検定試験
第３級

（令和６年１月２８日実施）

時間　９時００分から１０時３０分（制限時間９０分）

注意事項

1　監督者の指示があるまで，問題を開いてはいけません。

2　問題用紙は１ページから６ページまであります。

3　問題用紙の落丁や印刷が不鮮明である場合には，挙手をして監督者の指示に従いなさい。なお，問題についての質問には応じません。

4　解答はすべて解答用紙に記入しなさい。

5　途中退室は原則できません。

6　試験終了後，問題用紙も回収します。

1　下記の取引の仕訳を示しなさい。ただし，勘定科目は，次のなかからもっとも適当なものを使用すること。

現金	当座預金	定期預金	売掛金
従業員立替金	備品	貸倒引当金	資本金
広告料	貸倒損失	交通費	消耗品費

a．岡山商店から営業用の机といすのセット一式 ￥390,000 を購入し，代金は小切手＃8 を振り出して支払った。

b．従業員のために現金 ￥78,000 を立て替え払いした。

c．福島商店（個人企業）は，現金 ￥1,600,000 を元入れして開業した。

d．得意先 北南商店が倒産し，前期から繰り越された同店に対する売掛金 ￥40,000 が回収不能となったため，貸し倒れとして処理した。ただし，貸倒引当金勘定の残高が ￥52,000 ある。

2 広島商店の次の取引を入金伝票・出金伝票・振替伝票のうち，必要な伝票に記入しなさい。ただし，不要な伝票は空欄のままにしておくこと。

取　　引

1月26日　全商銀行に現金 ¥500,000 を定期預金として預け入れた。　（伝票番号　No.58）

〃日　島根新聞社に広告料 ¥190,000 を小切手＃3を振り出して支払った。　（伝票番号　No.74）

3 青森商店（個人企業）の下記の取引について，

(1) 仕訳帳に記入して，総勘定元帳（略式）に転記しなさい。
(2) 売掛金元帳に記入して締め切りなさい。
(3) 1月末における合計試算表を作成しなさい。

ただし，i　商品に関する勘定は3分法によること。
　　　　ii　仕訳帳における小書きは省略すること。
　　　　iii　総勘定元帳および売掛金元帳には，日付と金額のみを記入すればよい。

取　　引

1月4日　仕入先 岩手商店から次の商品を仕入れ，代金は掛けとした。

B品　250個　@¥ 80　¥ 20,000

5日　得意先 宮城商店に次の商品を売り渡し，代金は掛けとした。

B品　200個　@¥130　¥ 26,000

9日　仕入先 秋田商店から商品を仕入れ，次の納品書を受け取った。なお，代金は掛けとした。

No.00015　**納　品　書**　令和○年１月９日

〒030-0951　青森県青森市戸山字安原7-1
青 森 商 店　御中

〒010-1603
秋田県秋田市新屋勝平台1-1
秋田商店

下記のとおり納品いたします。

品　　名	数　量	単　価	金　　額
A品	500個	170	85,000
以下余白			
		合　計	¥85,000

10日　得意先 宮城商店に対する売掛金の一部 ¥30,000 を現金で受け取った。

11日　得意先 山形商店に次の商品を売り渡し，代金は現金で受け取った。

A品　400個　@¥250　¥100,000
B品　100〃　〃〃130　¥ 13,000

12日　水道光熱費 ¥7,800 が当座預金口座から引き落とされた。

次ページに続く

*15*日　仕入先 岩手商店から次の商品を仕入れ，代金は掛けとした。なお，引取運賃 ￥*600* は現金で支払った。

B品	*300*個	@￥ *80*	￥ *24,000*

*18*日　得意先 山形商店に次の商品を売り渡し，代金は掛けとした。

A品	*100*個	@￥*250*	￥ *25,000*
B品	*250*〃	〃〃*130*	￥ *32,500*

*19*日　保険料 ￥*900* が当座預金口座から引き落とされた。

*25*日　本月分の給料 ￥*30,000* の支払いにあたり，所得税額 ￥*1,500* を差し引いて，従業員の手取額を現金で支払った。

*29*日　得意先 山形商店に対する売掛金の一部 ￥*43,000* を現金で受け取り，ただちに当座預金に預け入れた。

*30*日　仕入先 秋田商店に対する買掛金の一部について，次の小切手を振り出して支払った。

ZS00009	
令和○年１月30日	
金額	￥24100
渡先	秋田商店
摘要	買掛金支払い
残高	￥75000

ZS00009　小　切　手　全国 5001 0914-003

支払地　青森県青森市新町一丁目3-7

株式会社　全商銀行　青森支店

金額　￥24,100※

上記の金額をこの小切手と引き替えに
持参人へお支払いください
拒絶証書不要

振出日　令和○年１月30日　青森市戸山字安原7-1
振出地　青森県青森市　振出人　青森商店
青 森 健 一 郎　（青森）

*31*日　八戸文具店から事務用の文房具を現金で購入し，次のレシートを受け取った。

八戸文具店
八戸市十日市塚ノ下3－1
電話：0178-96-****

領　収　証

20XX年1月31日　No.197

文房具	￥300
合 計	**￥300**
お預り	￥300
お釣り	￥0

上記正に領収いたしました

4　次の各問いに答えなさい。

(1)　次の文の □ にあてはまるもっとも適当な語を，下記の語群のなかから選び，その番号を記入しなさい。

a．企業は，日々の経営活動について，一定の記帳方法にしたがい，帳簿に記録・計算・整理している。この技術のことを簿記といい，英語では □ という。

1. Assets　　2. Bookkeeping　　3. Account

b．企業は一定時点の [ア] を明らかにするために，資産・負債・純資産（資本等）の各項目を示す報告書を作成する。この報告書を [イ] といい，英語では Balance Sheet という。

1. 経営成績　　2. 財政状態　　3. 貸借対照表　　4. 損益計算書

(2)　次の各文の □ に入る金額を求めなさい。

a．山口商店（個人企業）の当期の収益総額は ￥*4,265,000* で，費用総額が ￥*3,780,000* であるとき，当期純利益は ￥ □ である。

b．鳥取商店（個人企業）の期首の資産総額は ￥*6,871,000*　負債総額は ￥*3,490,000* であった。なお，この期間中の当期純利益が ￥*259,000* で，期末の資産総額が ￥*7,261,000* であるとき，期末の負債総額は ￥ □ である。

5 沖縄商店（個人企業　決算年1回　12月31日）の決算整理事項は，次のとおりであった。よって，

(1) 精算表を完成しなさい。

(2) 備品勘定および受取手数料勘定に必要な記入をおこない，締め切りなさい。ただし，勘定記入は，日付・相手科目・金額を示すこと。

決算整理事項

a．期末商品棚卸高　　¥380,000

b．貸 倒 見 積 高　　売掛金残高の2％と見積もり，貸倒引当金を設定する。

c．備品減価償却高　　取得原価 ¥480,000　残存価額は零（0）　耐用年数は6年とし，定額法により計算し，直接法で記帳している。

$$定額法による年間の減価償却費=\frac{取得原価-残存価額}{耐用年数}$$

簿記実務検定　模擬試験問題集　３級

解答および採点基準

2024年

東京法令
とうほう

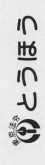

基本練習問題 1　仕　訳（1）（2）

ポイント

1

▶❶ 仕入時の引取費用は，仕入諸掛として仕入金額に含めて処理する。
▶❷ 「ただちに」当座預金口座に預け入れた場合には，当座預金勘定で処理する。
▶❸ 「小切手を振り出して」とある場合には当座預金勘定で処理する。
▶❹ 仮受金勘定はその内容が明らかになった段階で該当する勘定に振り替える。この場合には前受金勘定に振り替える。
▶❺ 固定資産の購入にともなう付随費用（買入手数料・登記料など）は，固定資産の取得原価に含める。
▶❻ 新聞の折り込み広告代金は広告料勘定で処理する。このほかにインターネット広告の代金なども広告料勘定で処理する。
▶❼ 他人振り出しの小切手は現金勘定で処理することに注意する。
▶❽ 借用証書によって現金を貸し付けているので貸付金勘定で処理する。
▶❾ 給料の支払総額を借方に記入して，所得税や従業員立替金を差し引いた残額を支払うと考える。所得税には必ず「預り金」をつけること。

1

		借方		貸方	
▶❶	a	仕入	*3,100,000*	当座預金	*1,000,000*
				買掛金	*2,000,000*
				現金	*100,000*
▶❷	b	当座預金	*940,000*	売掛金	*940,000*
▶❸	c	備品	*800,000*	当座預金	*800,000*
▶❹	d	仮受金	*80,000*	前受金	*80,000*
▶❺	e	建物	*6,300,000*	当座預金	*2,400,000*
				未払金	*3,600,000*
				現金	*300,000*
▶❻	f	広告料	*50,000*	現金	*50,000*
▶❼	g	現金	*40,000*	前受金	*40,000*
▶❽	h	貸付金	*250,000*	現金	*250,000*
▶❾	i	給料	*580,000*	所得税預り金	*37,000*
				従業員立替金	*40,000*
				現金	*503,000*

固定資産の取得原価には，
購入代金のほかに固定資産を
使用するまでに要した付随費用
を含めるんだ。

2

		借方		貸方	
▶❶	a	売掛金	***960,000***	売上	***960,000***
		発送費	***20,000***	現金	***20,000***
▶❷	b	現金	***421,000***	貸付金	***400,000***
				受取利息	***21,000***
▶❸	c	旅費	***74,000***	仮払金	***80,000***
		現金	***6,000***		
▶❹	d	通信費	***25,000***	小口現金	***55,000***
		交通費	***18,000***		
		消耗品費	***10,000***		
		雑費	***2,000***		
		小口現金	***55,000***	当座預金	***55,000***
▶❺	e	普通預金	***320,000***	現金	***320,000***
▶❻	f	貸倒引当金	***45,000***	売掛金	***70,000***
		貸倒損失	***25,000***		
▶❼	g	現金	***390,000***	受取家賃	***390,000***

別解

（借）通信費	***25,000***	（貸）当座預金	***55,000***
交通費	***18,000***		
消耗品費	***10,000***		
雑費	***2,000***		

2

▶❶ 仕入取引の場合には，引取運賃などは仕入勘定に含めて処理するが，売上取引の場合には，発送費は発送費勘定で処理する。

▶❷ 借用証書による貸し付けは貸付金勘定で処理されている。

▶❸ 旅費概算払いは仮払金勘定で処理されており，確定した金額は旅費とし，残額は従業員から受け取ることになる。

▶❹ 定額資金前渡法（インプレスト・システム）では，一定期間の支出額を見積もって前渡しし，月末などに支払いの報告があったときに小口現金を補給する。

▶❺ 普通預金口座に現金を預け入れた場合には普通預金勘定で処理する。同様に定期預金口座に現金を預け入れた場合には定期預金勘定で処理する。

▶❻ 前期から繰り越された売掛金について貸し倒れが発生したときは，貸倒引当金があればこれを引き当て，不足する分を貸倒損失勘定で処理する。

▶❼ 3か月分の家賃を受け取っているので受取家賃勘定（収益の勘定）で処理する。同様に地代を受け取った場合には受取地代勘定で処理する。

■直前期の総まとめ

① 仕入・売上に関する問題

仕入時における仕入諸掛の処理や商品を売り渡したさいの発送費の処理などについてよく理解しておく必要がある。

仕入取引　内金を支払っている　→ 前払金勘定で処理する。
　　　　　引取費用の支払い　→ 仕入勘定に含めて処理する。
売上取引　内金を受け取っている　→ 前受金勘定で処理する。
　　　　　発送費の支払い　→ 発送費勘定で処理する。

② 現金・預金に関する問題

3級の出題範囲内では，現金勘定・小口現金勘定・定期預金勘定・当座預金勘定・普通預金勘定について理解を深めておく。

現　　金　他人振り出しの小切手　→ 現金勘定で処理する。
　　　　　送金小切手　→ 現金勘定で処理する。
当座預金　自店振り出しの小切手　→ 当座預金勘定の増加として処理する。
　　　　　ただちに当座預金　→ 当座預金勘定で処理する。
普通預金　普通預金口座に預け入れた　→ 普通預金勘定で処理する。
定期預金　定期預金口座に預け入れた　→ 定期預金勘定で処理する。
小口現金　支払高の報告を受け補給　→ 当座預金勘定などと小口現金勘定で処理する。

③ 固定資産に関する問題

固定資産はその取得の処理が出題範囲となる。とくに備品の処理にあたっては，具体的品名を備品勘定で処理するという判断が必要である。

備品となる物品 ⟶ 商品陳列用ケース，営業所などで使用するコピー機，パーソナルコンピュータ，金庫，机，椅子など。
付随費用の例示 ⟶ 据付費用（設置のための費用），試運転費用や手数料・登記料など。

④ その他の債権・債務に関する問題

未収金・未払金 ⟶ 商品代金以外の後日受け払い。（固定資産の購入で多く出題）
貸付金・借入金 ⟶ 借用証書による金銭の貸借。手形を用いる手形貸付金・手形借入金は2級の出題範囲である。
仮払金・仮受金 ⟶ 従業員の出張旅費概算払いや精算（＝仮払金），内容不明の送金受け入れやその内容の判明（＝仮受金）など，よく出題される論点である。
立替金・預り金 ⟶ 従業員の給料支払いに関連して従業員立替金・所得税預り金として出題される。

基本練習問題 2　伝　票

3

▶❶

入　金　伝　票
令和○年 4 月12日　No. 18

科目	普通預金	入金先	関西銀行　殿
摘　　要		金　　額	
引　き　出　し		150000	
合　　計		150000	

▶❷

出　金　伝　票
令和○年 4 月12日　No. 41

科目	通信費	支払先	和歌山通信社　殿
摘　　要		金　　額	
インターネット通信料の支払い		8000	
合　　計		8000	

▶❸

振　替　伝　票
令和○年 4 月12日　No. 29

勘　定　科　目	借　　方	勘　定　科　目	貸　　方
備　　品	230000	未　払　金	230000
合　　計	230000	合　　計	230000
摘要	パーソナルコンピュータの購入，4 月30日に代金支払い		

4

▶❶

入　金　伝　票
令和○年 1 月16日　No. 45

科目	受取手数料	入金先	横浜商店　殿
摘　　要		金　　額	
商品売買の仲介手数料		80000	
合　　計		80000	

▶❷

出　金　伝　票
令和○年 1 月16日　No. 28

科目	広告料	支払先	熱海広告社　殿
摘　　要		金　　額	
広告料の支払い		30000	
合　　計		30000	

ポイント

3

▶❶ この取引の仕訳を示すと次のようになる。

(借)現　金 *150,000*　(貸)普通預金 *150,000*

「現金を引き出した」という問題文から，現金の減少とまちがえて解釈しないよう注意する。現金を普通預金から引き出して店の金庫に入金したという意味である。

これを入金伝票に記入するときは，日付，貸方の科目，入金先，摘要，金額，合計のほかに，伝票番号No.18を忘れないこと。

▶❷ この取引の仕訳を示すと次のようになる。

(借)通信費 *8,000*　(貸)現　金 *8,000*

インターネット通信料は通信費勘定で処理する。現金で支払っているので，出金伝票を起票する。

▶❸ この取引の仕訳を示すと次のようになる。

(借)備　品 *230,000*　(貸)未払金 *230,000*

入金も出金もおこなわれていないので，振替伝票を起票する。

4

▶❶ この取引の仕訳を示すと次のようになる。

(借)現　金 *80,000*　(貸)受取手数料 *80,000*

入金がおこなわれているので入金伝票を起票する。科目欄には「受取手数料」と記入し，入金先欄には取引相手の「横浜商店」を記入する。摘要欄には取引の概要を記入する。取引の概要についてはさまざまな記入方法があるため，原則として採点対象にはならない。

▶❷ この取引の仕訳を示すと次のようになる。

(借)広告料 *30,000*　(貸)現　金 *30,000*

広告料を現金で支払っているので出金伝票を起票する。科目欄には「広告料」と記入し，支払先欄には「熱海広告社」と記入する。日付のほか伝票番号も忘れずに記入する。

▶❸ この取引の仕訳を示すと次のようになる。

(借)買掛金 *120,000* (貸)当座預金 *120,000*

入金も出金もおこなわれていないので，振替伝票を起票する。日付と伝票番号14も忘れずに記入し，摘要欄には取引の概要を記入する。

▶❸

摘要欄の残った行には斜線を入れておく。
振　替　伝　票
令和○年 1 月16日　　No. 14

勘　定　科　目	借　方	勘　定　科　目	貸　方
買　掛　金	*120000*	当　座　預　金	*120000*
合　　計	*120000*	合　　計	*120000*
摘要	浜松商店に対する買掛金の支払い，小切手＃8振り出し		

■直前期の総まとめ

3伝票制の伝票記入問題は，取引からどの伝票に記入するかを判断して，次にどのように記入するかを学習しておかなければならない。取引には，現金の入出金取引と，現金の入出金をまったくともなわない全部振替取引，さらに一部現金の入出金をともなう一部振替取引があるが，検定では入出金取引と全部振替取引が出題されている。3伝票の基本的な記入方法をしっかり学習しておこう。

① **入金伝票**

入金伝票は，借方現金を意味する伝票であり，日付と伝票番号を記入し，科目の欄には，仕訳の相手科目となる貸方の勘定科目を記入する。入金先には入金の相手の名称を記入して，摘要欄には，入金の理由を簡単に記入し，余白行には斜線を引いておく。金額・合計を記入して完了する。

② **出金伝票**

出金伝票は，貸方現金を意味する伝票であり，日付と伝票番号を記入し，科目の欄には，仕訳の相手科目となる借方の勘定科目を記入する。支払先には支払いの相手の名称を記入して，摘要欄には，支払いの理由を簡単に記入し，余白行には斜線を引いておく。金額・合計を記入して完了する。

③ **振替伝票**

振替伝票は，現金の入出金をともなわない振替取引を記入する伝票であり，仕訳をそのまま記入する伝票と考えるとよい。日付と伝票番号を記入し，仕訳を記入する。借方・貸方とも勘定科目欄の余白行には斜線を引いておく。摘要欄には，取引の相手，取引の具体的内容，手形や小切手の種類・番号などの，取引の要約を記入する。

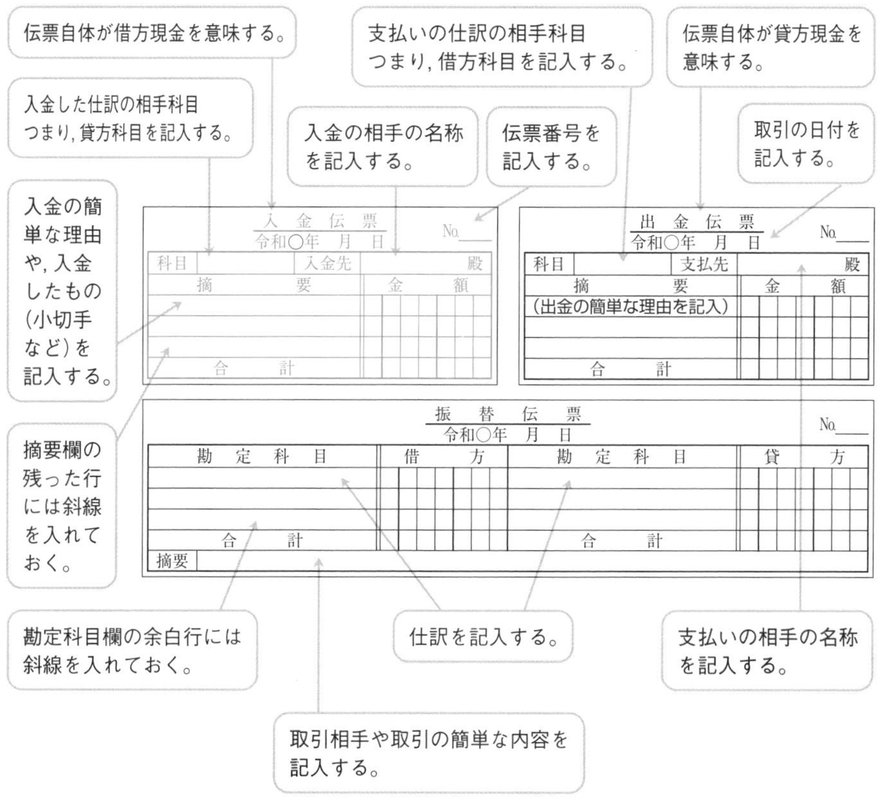

入金の簡単な理由や，入金したもの(小切手など)を記入する。

斜線を入れておく。

取引相手や取引の簡単な内容を

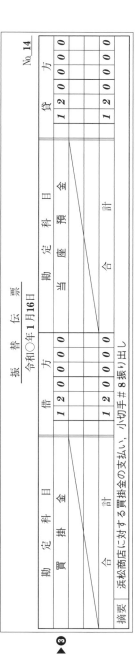

基本練習問題 3　記 帳（1）（2）

ポイント

5

▶❶ 代金のうち￥250,000については小切手を振り出して支払ったので当座預金勘定で処理する。また，残額の￥155,000については問題文の指示に従い，買掛金勘定で処理する。勘定科目については（　　）がなくてもよい。

▶❷ 本来であれば他人振り出しの小切手は現金勘定で処理するが，「ただちに当座預金に預け入れ」とあるので，当座預金勘定で処理する。

▶❸ 山梨商店に売り渡した商品について値引きがおこなわれたので，仕訳帳に記入するとともに，総勘定元帳の売掛金勘定と売掛金元帳の山梨商店勘定の両方に転記する。

▶❹ 商品有高帳の摘要欄には，商店名あるいは取引の概要を記入する。移動平均法が適用されていることに注意し，月初残高と仕入高を加算し，合計数量で割って払出単価を計算する。

▶❺ 残高欄より次月繰越高を赤字で記入する。このとき受入欄の数量・金額と払出欄の数量・金額の合計が等しくなることを確認してから，商品有高帳を締め切る。

5

(1)

仕　訳　帳　　1

	令和○年		摘　要		元丁	借　方	貸　方
	1	1	前期繰越高		✓	3,759,000	3,759,000
▶❶		13	(仕　入)	諸　口		405,000	
				(当座預金)			250,000
				(買掛金)			155,000
▶❷		19	諸　口	(売　上)	22		602,000
			(当座預金)			300,000	
			(売掛金)		4	302,000	
▶❸		21	(売　上)		22	7,000	
				(売掛金)	4		7,000
		29	(買掛金)			100,000	
				(当座預金)			100,000

（勘定科目の（　　）はなくてもよい。）
（諸口は記入しなくてもよい。）

総　勘　定　元　帳

売　掛　金　　4

1/1	300,000	1/21	7,000	▶❸
19	302,000			

売　上　　22

▶❸	1/21	7,000	1/19	602,000

(2)

売　掛　金　元　帳

山　梨　商　店　　1

1/1	160,000	1/21	7,000	▶❸
19	302,000	31	455,000	
	462,000		462,000	

商　品　有　高　帳

（移動平均法）　（品名）A　品　（単位：個）

	令和○年		摘　要	受入 数量	受入 単価	受入 金額	払出 数量	払出 単価	払出 金額	残高 数量	残高 単価	残高 金額
	1	1	前月繰越	100	430	43,000				100	430	43,000
▶❹		13	神奈川商店	900	450	405,000				1,000	448	448,000
		19	山梨商店				700	448	313,600	300	448	134,400
▶❺		31	次月繰越				300	448	134,400			
				1,000		448,000	1,000		448,000			

6

(1)

仕　訳　帳　　1

令和○年		摘　要	元丁	借　方	貸　方
1	1	前期繰越高	✓	*4,190,000*	*4,190,000*
▶❶	8	（仕　入）諸　口	22	**540,000**	
		（当座預金）			**250,000**
		（買掛金）	14		**290,000**
	10	（買掛金）	14	**16,000**	
		（仕　入）	22		**16,000**
	16	（仕　入）	22	**175,000**	
		（買掛金）	14		**175,000**
	29	（買掛金）	14	**300,000**	
		（当座預金）			**300,000**

（勘定科目の（　　）はなくてもよい。）
（諸口は記入しなくてもよい。）

総　勘　定　元　帳

買　掛　金　　14

▶❸ 1/10	**16,000**	1/1	*620,000*	
29	**300,000**	8	**290,000**	▶❶
		16	**175,000**	

仕　入　　22

▶❶ 1/8	**540,000**	1/10	**16,000**	▶❸
16	**175,000**			

(2)

仕　入　帳　　1

令和○年		摘　要		内　訳	金　額
▶❷ 1	8	愛知商店	小切手・掛け		
		A　品　500個　@¥ 800		**400,000**	
		B　品　200個　@¥ 700		**140,000**	**540,000**
▶❸	10	愛知商店	掛け返品		
		A　品　20個　@¥ 800			**16,000**
	16	三重商店	掛け		
		C　品　350個　@¥ 500			**175,000**
	31		総仕入高		**715,000**
	〃		仕入返品高		**16,000**
			純仕入高		**699,000**

買　掛　金　元　帳

三　重　商　店　　2

1/29	**300,000**	1/1	*380,000*
31	*255,000*	16	**175,000**
	555,000		**555,000**

6

▶❶　1月8日の取引は小切手の振り出しと掛けによる仕入取引なので，当座預金勘定と買掛金勘定を用いて処理する。仕訳帳の勘定科目の（　　）はなくてもよい。

▶❷　仕入取引の内容明細を仕入帳に記入する。仕訳帳だけでは仕入れた商品の品名や数量，単価などがわからないためである。8日の仕入取引ではA品とB品の2つの商品を仕入れているので，摘要欄にA品とB品それぞれの仕入数量と単価を記入し，内訳欄にそれぞれの仕入金額を記入する。

▶❸　1月10日の取引は仕入返品なので，仕入帳には赤字で日付欄から金額欄まで記入する。また，このとき総勘定元帳の買掛金勘定と仕入勘定に転記することを忘れないようにする。

■直前期の総まとめ

帳簿記入の問題は，仕入取引，売上取引を中心として仕訳帳，総勘定元帳の一部の勘定への転記，買掛金元帳・売掛金元帳の人名勘定への転記，仕入帳・売上帳，その他の補助簿への記入という出題が予想される。ここでは，帳簿の形式や記帳方法を正しく理解しておく必要がある。

①　仕訳帳

仕訳帳は，小書きは省略する以外，きちんとした形式での記帳を練習しておこう。借方も貸方も勘定科目が2つ以上になるときは，1行目の勘定科目の上に諸口と記入し，勘定科目には（　）をつける。原則として1行には1つの勘定科目しか記入してはならない。また，借方の勘定科目を上の行に，次に貸方の勘定科目を記入する。ただし，借方が2つ以上で貸方が1つの勘定科目のみの場合には，借方に諸口と記入した同じ行の貸方側に勘定科目を記入してもよい。

元丁欄には，総勘定元帳の該当する勘定に転記したとき，勘定口座番号を記入する。

②　総勘定元帳

正式な形式の総勘定元帳に転記する場合には，日付，相手勘定科目，金額のほかに，仕訳帳のページ数を仕丁欄に記入することを忘れないようにする。T字型などと呼ばれる略式の場合には仕丁欄は省略されているほか，問題文の指示によっては日付と金額のみを記入する場合もある。問題文に「総勘定元帳には，日付と金額を記入すればよい」といった指示があるかどうかを確認することが大切である。

③　仕入帳・売上帳

仕入帳と売上帳は，記帳方法はほぼ同じである。仕入取引や売上取引があったとき，日付の次に摘要欄の最初の行に取引の相手商店名と代金の受け払い条件を記入し，次の行に商品の明細を記入する。そのさい，1回に2品目以上の売買があったときは1品目ずつ1行に，商品名・数量・単価を記入して，内訳欄に品目ごとの金額を記入する。なお，金額欄は合計金額を記入するので，仕訳帳の仕入や売上の金額と一致する。

返品や値引きがあったときは，日付から金額までをすべて赤で記入する。

締め切るときは，金額欄に1本線（合計線）を引き，総仕入高・総売上高を赤の数字を除いた合計額で記入する。次に仕入返品・値引高，売上返品・値引高を赤で記入し，総仕入高・総売上高から差し引いて，純仕入高·純売上高を記入する。このとき，上に1本線，下に2本線（締め切り線）を忘れずに引く。

④　売掛金元帳・買掛金元帳

売掛金元帳は売掛金勘定の商店別明細を示し，買掛金元帳は買掛金勘定の商店別明細を示している。正式な形式の売掛金元帳や買掛金元帳には借方欄・貸方欄・残高欄が設けられているので，それぞれに記入して締め切る。T字型などと呼ばれる略式の場合には，日付・取引内容・金額を記入するが，問題文の指示によっては日付と金額のみを記入する場合もある。問題文の指示を確認することが大切である。

⑤　その他の補助簿

・現金出納帳 ――→ 現金勘定の明細を示し，残高を常に知ることができる。
・当座預金出納帳 → 当座預金勘定の明細を示し，小切手を振り出したときは番号も記入する。
・商品有高帳 ――→ 商品の種類ごとに，倉庫に保管している商品の有高や単価などを知ることができる。先入先出法と移動平均法の両方をしっかり学習しておこう。

基本練習問題 4　語句・計算

7

(1)

a ▶❶	b ▶❷	c ▶❸	d ▶❹
2	¥ 548	¥ 54,000	¥ 80,000

(2)

ア	¥ 2,274,000 ▶❺	イ	¥ 7,380,000 ▶❻

(3)

3 ▶❼

ポイント

7

(1)

商品有高帳（移動平均法）に関する基本的な記入の問題である。商品有高帳の記入だけではなく，金額の意味もしっかりと理解する必要がある。

▶❶ 10月15日の残高欄の行数に注目する。10月7日の残高欄の単価は@¥ *540*で，10月15日に高知商店から仕入れた商品の単価は@¥ *550*である。もし先入先出法を採用しているのであれば，単価が異なる商品については分けて記入するため2行必要になるが，10月15日の残高欄は1行になっている。このことから四国商店は移動平均法を採用していることがわかる。

▶❷ 7日の残高金額と15日の受入金額の合計を，7日の残高数量と15日の受入数量の合計で割って単価を求める。

¥ *137,000*÷250個＝@¥ *548*

▶❸ 以下の2とおりの求め方がある。

①商品有高帳の記入は原価でおこなうので，7日の払出欄の金額が売上原価となる。

②期首商品棚卸高＋当期商品仕入高－期末商品棚卸高＝売上原価

¥ *81,000*＋¥ *110,000*－¥ *137,000*

＝¥ *54,000*

▶❹ 7日の払出欄の数量を@¥ *800*に掛けて売上高を算出する。

@¥ *800*×100個＝¥ *80,000*

(2)

▶❺ 収益総額と費用総額の差額が当期純利益なので，収益総額¥ *2,350,000*から当期純利益¥ *76,000*を差し引いて費用総額を計算する。

¥ *2,350,000*－¥ *76,000*＝¥ *2,274,000*

▶❻ 期首の純資産と期末の純資産の関係をボックス図にすると次のようになる。

期末純資産	期首純資産
¥ *2,288,000*	¥ *1,868,000*
	当期純利益 ¥ *420,000*

期末の純資産額と期末の負債総額を足すと，期末の資産総額になる。

¥ *2,288,000*＋¥ *5,092,000*＝¥ *7,380,000*

(3)

▶❼ 収益の勘定残高や費用の勘定残高を二つ以上集めて記入する勘定のことを集合勘定という。

1の人名勘定とは取引先の商店名をそのまま勘定科目にしたものをいい，売掛金元帳や買掛金元帳などで用いられる。このとき売掛金元帳の人名勘定をまとめた売掛金勘定や買掛金元帳の人名勘定をまとめた買掛金勘定などを統制勘定という。

■直前期の総まとめ

●語句の問題

適語を選択する問題は，仕訳や記帳，計算とは異なり，簿記の基本的な考え方や目的，原理や原則などが出題されるので，ふだんからパターン的学習ではなく，考え方を中心に学習して理解しておくことが必要となる。

・簿記の目的 ——→ 企業の経営活動の記録計算をおこない，一定時点の財政状態を明らかにするとともに，一定期間の経営成績を明らかにして，将来の経営活動に役立てる。そのために貸借対照表（財政状態を示す）と損益計算書（経営成績を表す）を作成する。

・複式簿記の原理 → 原因面からの利益計算（損益法　収益－費用＝利益）と，結果としての財産面からの利益計算（財産法　期末純資産－期首純資産＝利益）という両面から，同一の利益を求めることができるという記帳体系をもっている。

・勘定記入の原則 →

資産		負債		純資産		収益		費用	
増加	減少	減少	増加	減少	増加		発生	発生	

・貸借平均の原理 → 全勘定の借方合計＝全勘定の貸方合計
これによって，試算表による記帳の確認ができる。複式簿記の特徴である。

・評価勘定 ——→ 結果としてある勘定の減少を意味する（評価する意味をもつ）勘定をいう。
㊎売掛金に対する貸倒引当金勘定など

・統制勘定 ——→ 売掛金元帳の人名勘定をまとめた売掛金勘定や，買掛金元帳の人名勘定をまとめた買掛金勘定，販売費及び一般管理費元帳の各費用勘定をまとめた販売費及び一般管理費勘定などをいう。

・その他，諸帳簿の意味や諸表の作成方法，決算手続きや記帳，専門用語（取引・勘定・仕訳・転記・振替など）について，言葉の学習をしておこう。

●計算問題

損益法と財産法による当期純損益の計算と，基本的な貸借対照表等式（資産＝負債＋純資産）や損益計算書等式（費用＋当期純利益＝収益）などをしっかり理解しておく必要がある。次に，これらの関係を図で示してみよう。

〔当期純利益の場合〕 ➡

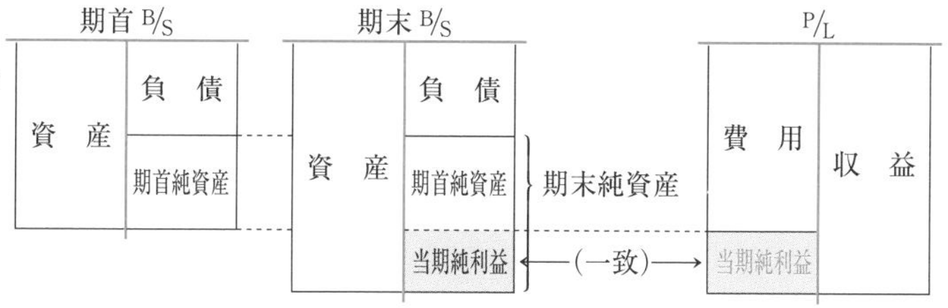

〔当期純損失の場合〕 ➡

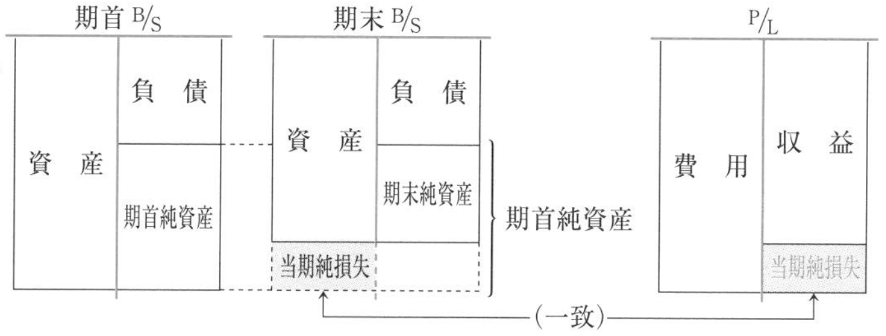

基本練習問題 5　決　算 (1) (2)

8

(1) ▶❶

繰越商品			5
1/1 前期繰越	*1,370,000*	12/31 仕　入	**1,370,000**
12/31 仕　入	**1,420,000**	〃 次期繰越	*1,420,000*
	2,790,000		**2,790,000**

▶❷

給料			13
	1,720,000	12/31 損　益	**1,720,000**

(2)

損益計算書

沖縄商店　令和○年1月1日から令和○年12月31日まで　(単位：円)

	費用	金額	収益	金額
▶❸	売上原価	**6,130,000**	売上高	**8,895,000**
	給料	**1,720,000**	受取手数料	**136,000**
▶❹	(貸倒引当金繰入)	**51,000**		
▶❺	(減価償却費)	**130,000**		
	支払家賃	**300,000**		
	消耗品費	**108,000**		
	(雑　費)	**95,000**		
	(支払利息)	**18,000**		
	(当期純利益)	*479,000*		
		9,031,000		**9,031,000**

(i　貸倒引当金繰入は，貸倒償却でもよい。
ii　当期純利益の記入は，黒記でもよい。)

ポイント

8

(1) 勘定の締め切り

▶❶ 繰越商品は資産の勘定なので，決算整理仕訳のaを転記して赤で次期繰越と記入した後，締め切る。

▶❷ 給料は費用の勘定なので，損益勘定に振り替えて締め切る。

(2) 決算整理仕訳

▶❸ 売上原価を算定する決算整理仕訳は以下のようになる。

(借)仕　入 *1,370,000* (貸)繰越商品 *1,370,000*
繰越商品 *1,420,000* 仕　入 *1,420,000*

売上原価は，決算整理上，仕入勘定で計算される。

¥1,370,000＋¥6,180,000－¥1,420,000＝¥6,130,000

▶❹ 貸倒見積高に関する決算整理仕訳は以下のようになる。

(借)貸倒引当金繰入 *51,000* (貸)貸倒引当金 *51,000*

¥4,270,000×0.02－¥34,400＝¥51,000

▶❺ 備品減価償却高

(借)減価償却費 *130,000* (貸)備　品 *130,000*

$\frac{¥650,000 - ¥0}{5年} = ¥130,000$

9

(1) 精算表の完成

精算表は，①残高試算表欄の完成　②決算整理事項等による整理記入欄の完成　③損益計算書欄と貸借対照表欄の完成の手順で作成する。

決算整理仕訳

▶❶ a.(借)仕　入 920,000　(貸)繰越商品 920,000
　　繰越商品 950,000　　仕　入 950,000

▶❷ b.(借)貸倒引当金繰入 24,000　(貸)貸倒引当金 24,000
　　¥2,800,000×0.02－¥32,000＝¥24,000

▶❸ c.(借)減価償却費 90,000　(貸)備　品 90,000
　　$\frac{¥450,000-¥0}{5年}$＝¥90,000

▶❹ 損益計算書欄の貸借合計の差額と貸借対照表欄の貸借合計の差額が一致して，当期純利益の¥622,000が記入される。

(2) 勘定の締め切り

▶❺ 備品は資産の勘定なので，決算整理仕訳のcを転記して赤で次期繰越と記入した後，締め切る。

▶❻ 支払利息は費用の勘定なので，損益勘定に振り替えて締め切る。

9

(1)

精　算　表
令和○年12月31日

	勘定科目	残高試算表		整理記入		損益計算書		貸借対照表	
		借方	貸方	借方	貸方	借方	貸方	借方	貸方
	現金	935,000						**935,000**	
	当座預金	1,581,000						**1,581,000**	
	売掛金	2,800,000						**2,800,000**	
▶❷	貸倒引当金		32,000		**24,000**				**56,000**
▶❶	繰越商品	920,000		**950,000**	**920,000**			**950,000**	
▶❸	備品	360,000			**90,000**			**270,000**	
	買掛金		1,258,000						**1,258,000**
	借入金		600,000						**600,000**
	資本金		4,000,000						**4,000,000**
	売上		9,610,000				**9,610,000**		
	受取手数料		48,000				**48,000**		
▶❶	仕入	6,710,000		**920,000**	**950,000**	**6,680,000**			
	給料	1,482,000				**1,482,000**			
	支払家賃	576,000				**576,000**			
	消耗品費	105,000				**105,000**			
	雑費	37,000				**37,000**			
	支払利息	42,000				**42,000**			
		15,548,000	15,548,000						
▶❷	**貸倒引当金繰入**			**24,000**		**24,000**			
▶❸	**減価償却費**			**90,000**		**90,000**			
▶❹	当期純利益					622,000			**622,000**
				1,984,000	**1,984,000**	**9,658,000**	**9,658,000**	**6,536,000**	**6,536,000**

(2)

▶❺ 備　品　6

1/1	前期繰越	360,000	**12/31**	**減価償却費**	**90,000**
			〃	次期繰越	270,000
		360,000			**360,000**

▶❻ 支払利息　17

6/30	現金	21,000	**12/31**	**損益**	**42,000**
12/31	現金	21,000			
		42,000			**42,000**

（i　貸倒引当金繰入は，貸倒償却でもよい。
ii　勘定科目欄の当期純利益と損益計算書欄の¥622,000は黒記でもよい。）

模擬試験問題　【第　1　回】　3　級

ポイント

1

▶❶ 固定資産の取得原価には，購入代金のほかに固定資産を使用するまでに要した付随費用を含める。付随費用には，登記料や買入手数料のほかに整地費用・引取運賃・据付費・試運転費などがある。

▶❷ 勘定科目あるいは金額が未確定な収入については，仮受金勘定（負債の勘定）で処理する。

▶❸「建物に対する1年分の火災保険料」については保険料勘定（費用の勘定）で処理する。

▶❹ 借用証書によって金銭を貸し付けたときの貸付額については貸付金勘定（資産の勘定）で処理し，貸付金が返済されたさいには，貸し主は貸付金勘定の貸方に記入する。また，利息を受け取った場合には受取利息勘定（収益の勘定）で処理する。

2

▶❶ 商品売買の仲介手数料として現金を受け取り，現金が増加しているので，入金伝票を起票する。仕訳を示すと次のようになる。

(借)現　　金　35,000　(貸)受取手数料　35,000

▶❷ 小切手を振り出して借入金を返済しているので，入出金がない。そのため振替伝票を起票する。仕訳を示すと次のようになる。

(借)借 入 金 100,000　(貸)当座預金 100,000

1 （小計16点）

		借　方		貸　方	
▶❶ ④	a	土　　地	*8,820,000*	当 座 預 金	*8,820,000*
▶❷ ④	b	当 座 預 金	*90,000*	仮 受 金	*90,000*
▶❸ ④	c	保 険 料	*72,000*	現　　金	*72,000*
▶❹ ④	d	現　　金	*201,600*	貸 付 金	*200,000*
				受 取 利 息	*1,600*

2 （小計8点）

▶❶ ④

入 金 伝 票
令和○年 7 月 25 日　No. 27

科目	受取手数料	入金先	前橋商店　殿
摘　要		金　額	
商品売買の仲介手数料		*35000*	
合　計		*35000*	

出 金 伝 票
令和○年　月　日　No.

科目		支払先	殿
摘　要		金　額	
合　計			

▶❷ ④

振 替 伝 票
令和○年 7 月 25 日　No. 39

勘 定 科 目	借　方	勘 定 科 目	貸　方
借 入 金	*100000*	当 座 預 金	*100000*
合　計	*100000*	合　計	*100000*
摘要	高崎商店へ借入金を返済　小切手＃44振り出し		

3
(1)
- ▶❶ 商品陳列用のケースについては備品勘定で処理する。なお，据付料は備品の取得原価に含めて処理する。
- ▶❷ インターネットの利用料金については通信費勘定で処理する。
- ▶❸ 商品を注文しただけでは簿記上の取引にはならない。ただし，内金の支払いについてのみ前払金勘定で処理する。
- ▶❹ 小切手より買掛金の一部 ¥320,000 を支払ったことを読み取る。
- ▶❺ ただちに当座預金口座に預け入れているので，当座預金勘定で処理する。
- ▶❻ 仕入返品については，仕入れのさいの仕訳の反対仕訳をおこなう。

3 (小計42点)

(1)

仕　訳　帳　　1

	令和○年		摘　要		元丁	借　方	貸　方
	1	1	前期繰越高		✓	3,667,000	3,667,000
		4	(売　掛　金)		4	**1,770,000**	
				(売　　上)	12		**1,770,000**
▶❶ ③		5	(備　　品)		7	**292,000**	
				(当座預金)	3		**292,000**
		7	(仕　　入)		13	**1,900,000**	
				(買　掛　金)	8		**1,900,000**
▶❷ ③		10	(通　信　費)		15	**38,000**	
				(普通預金)	2		**38,000**
		11	(売　掛　金)		4	**1,710,000**	
				(売　　上)	12		**1,710,000**
▶❸ ③		14	(前　払　金)		6	**160,000**	
				(現　　金)	1		**160,000**
▶❹ ③		15	(買　掛　金)		8	**320,000**	
				(当座預金)	3		**320,000**
		17	(現　　金)		1	**540,000**	
				(売　　上)	12		**540,000**
▶❺		20	(当座預金)		3	**400,000**	
				(借　入　金)	9		**400,000**
		22	(仕　　入)	諸　　口	13	**360,000**	
				(前　払　金)	6		**160,000**
				(買　掛　金)	8		**200,000**
▶❻ ③		23	(買　掛　金)		8	**24,000**	
				(仕　　入)	13		**24,000**
③		25	(給　　料)	諸　　口	14	**250,000**	
				(所得税預り金)	10		**20,000**
				(現　　金)	1		**230,000**
		31	(当座預金)		3	**1,000,000**	
				(売　掛　金)	4		**1,000,000**

(勘定科目の（　　）はなくてもよい。)
(諸口は記入しなくてもよい。)

総　勘　定　元　帳

現　金　1

1/1	934,000	1/14	**160,000**
17	**540,000**	25	**230,000**

普　通　預　金　2

1/1	373,000	1/10	**38,000**

当　座　預　金　3

1/1	1,100,000	1/5	**292,000**
20	**400,000**	15	**320,000**
31	**1,000,000**		

売　掛　金　4

1/1	610,000	1/31	**1,000,000**
4	**1,770,000**		
11	**1,710,000**		

繰　越　商　品　5

1/1	350,000		

前　払　金　6

1/1	100,000	1/22	**160,000**
14	**160,000**		

備　品　7

1/1	200,000		
5	**292,000**		

買　掛　金　8

1/15	**320,000**	1/1	667,000
23	**24,000**	7	**1,900,000**
		22	**200,000**

借　入　金　9

		1/1	500,000
		20	**400,000**

所得税預り金　10

		1/25	**20,000** ③

資　本　金　11

		1/1	2,500,000

売　上　12

		1/4	**1,770,000**
		11	**1,710,000**
		17	**540,000**

仕　入　13

1/7	**1,900,000**	1/23	**24,000**
22	**360,000**		

給　料　14

1/25	**250,000**		

通　信　費　15

1/10	**38,000**		

(2)

買掛金元帳

高知商店			1
1/15	320,000	1/1	320,000
▶❼③ 31	1,900,000	7	1,900,000
	2,220,000		2,220,000

愛媛商店			2
1/23	24,000	1/1	347,000
▶❽ 31	523,000	22	200,000
	547,000		547,000

(3)

残高試算表
令和○年1月31日

	借方	元丁	勘定科目	貸方	
③	1,084,000	1	現金		
	335,000	2	普通預金		
③	1,888,000	3	当座預金		
③	3,090,000	4	売掛金		
▶❾	350,000	5	繰越商品		
	100,000	6	前払金		
	492,000	7	備品		
		8	買掛金	2,423,000	▶❿
		9	借入金	900,000	
		10	所得税預り金	20,000	
		11	資本金	2,500,000	▶⓫
		12	売上	4,020,000	③
③	2,236,000	13	仕入		
	250,000	14	給料		
	38,000	15	通信費		
	9,863,000			9,863,000	③

4 (小計10点)

(1)

	▶❶		▶❷
ア	¥5,500,000 ②	イ	¥6,632,000 ②

(2)

	▶❸		▶❹
ア	2 ②	イ	3 ②

(3) ▶❺ 3 ②

ポイント

(2)

▶❼ 高知商店に対する買掛金の取引を高知商店勘定に転記する。1月7日と1月15日の取引が該当する。次月繰越については赤字で記入する。

▶❽ 愛媛商店に対する買掛金の取引を愛媛商店勘定に転記する。1月22日と1月23日の取引が該当する。次月繰越については赤字で記入する。

(3)

▶❾ 決算整理前の勘定残高を集計する表なので，繰越商品勘定の残高は期首商品棚卸高¥350,000を記入する。

▶❿ 高知商店勘定の次期繰越高¥1,900,000と愛媛商店勘定の次期繰越高¥523,000の合計と買掛金勘定の残高が一致していることを確認する。

▶⓫ 資本金勘定には期首資本金¥2,500,000を記入する。

4

(1)

▶❶ まず期末の純資産額（資本）を計算するために，次のようなボックス図を書いて分析する。

期末純資産（¥3,420,000）	期首純資産 ¥3,180,000
	当期純利益 ¥240,000

期末の純資産額と期末の負債総額を足すと，期末の資産総額を計算できる。

¥3,420,000＋¥2,080,000＝¥5,500,000

▶❷ ¥6,392,000＋¥240,000＝¥6,632,000

(2)

▶❸ 貸借対照表を英語で表現すると，Balance Sheetとなる。一方，損益計算書を英語で表現すると，Profit and Loss statementとなる。Profitは収益，Lossは損失という意味である。

▶❹ 仕訳を英語で表現すると，Journalizingとなる。Journalizeは「仕訳する」「記帳する」という意味になる。

▶❺ 仕訳では借方と貸方の金額は必ず一致しているので，総勘定元帳に転記した金額の合計も借方と貸方とで必ず一致する。これを貸借平均の原理という。

試算表では，この貸借平均の原理を利用して，誤りの有無をチェックする。

5 (小計24点)

(1)

		借方		貸方	
▶❶	a	仕入	***654,000***	繰越商品	***654,000***
		繰越商品	***789,000***	仕入	***789,000***
▶❷	b	貸倒引当金繰入	***30,000***	貸倒引当金	***30,000***
▶❸④	c	減価償却費	***160,000***	備品	***160,000***

(2)

消耗品費　17

18,000	12/31	損益	***18,000***

▶❹④

(3)

損益計算書

高松商店　令和○年1月1日から令和○年12月31日まで　(単位：円)

	費用	金額	収益	金額	
▶❺④	(売上原価)	(***6,265,000***)	(売上高)	(***9,172,000***)	▶❻④
	給料	*1,296,000*	受取手数料	(***15,000***)	
	(貸倒引当金繰入)	(***30,000***)			
	減価償却費	(***160,000***)			
	支払家賃	*816,000*			
	水道光熱費	*239,000*			
	消耗品費	*18,000*			
	支払利息	*60,000*			
▶❼④	(当期純利益)	(***303,000***)			
		(***9,187,000***)		(***9,187,000***)	

貸借対照表

高松商店　令和○年12月31日　(単位：円)

	資産		金額	負債および純資産	金額
	現金		*462,000*	買掛金	*1,324,000*
	当座預金		*1,231,000*	(前受金)	(***460,000***)
	売掛金	(***2,600,000***)		借入金	*763,000*
	(貸倒引当金)	(***52,000***)	(***2,548,000***)	資本金	*2,500,000*
▶❽④	(商品)		(***789,000***)	(当期純利益)	(***303,000***)
	備品		(***320,000***)		
			(***5,350,000***)		(***5,350,000***)

(損益計算書の当期純利益の記入は，黒記でもよい。)

5

(1)

▶❶ 期首商品棚卸高 ￥ *654,000* を仕入勘定の借方に記入し，期末商品棚卸高 ￥ *789,000* を仕入勘定から繰越商品勘定に振り替えて，売上原価を計算する。

▶❷ ￥ *2,600,000* × 0.02 − ￥ *22,000* = ￥ *30,000*

▶❸ $\frac{￥1,280,000 - ￥0}{8年}$ = ￥ *160,000*

(2)

▶❹ 収益と費用の勘定残高は損益勘定に振り替えることに注意する。

(3)

▶❺ 損益計算書では仕入勘定で計算した売上原価を「売上原価」として表示する。

▶❻ 損益計算書では「売上」ではなく，「売上高」として表示する。

▶❼ 損益計算書の当期純利益については黒字で記入してもよい。

▶❽ 貸借対照表では「繰越商品」ではなく，「商品」として表示する。

模擬試験問題　【第　2　回】　3　級

ポイント

1

▶❶ 商品を売り渡したさいの発送費については，発送費勘定（費用の勘定）で処理する。

▶❷ 前期から繰り越された売掛金の貸し倒れについては，貸倒引当金勘定の借方に記入する。貸倒引当金勘定の残高が不足している場合には，貸倒損失勘定（費用の勘定）で処理する。

▶❸ 普通預金口座に現金を預け入れた場合には，普通預金勘定（資産の勘定）で処理する。

▶❹ 現金を元入れして開業した場合には，資本金勘定の貸方に記入する。

2

▶❶ 郵便切手の購入については，通信費勘定で処理する。現金で支払っているので，出金伝票を起票する。仕訳を示すと次のようになる。

(借)通信費　*8,400*　(貸)現　金　*8,400*

▶❷ 備品を購入して代金は月末払いのため，入出金をともなわない。そのため振替伝票を起票する。仕訳を示すと次のようになる。

(借)備　品　*500,000*　(貸)未払金　*500,000*

1 (小計16点)

		借方		貸方	
▶❶ ④	a	売掛金	***700,000***	売上	***700,000***
		発送費	***10,000***	現金	***10,000***
▶❷ ④	b	貸倒引当金	***50,000***	売掛金	***80,000***
		貸倒損失	***30,000***		
▶❸ ④	c	普通預金	***500,000***	現金	***500,000***
▶❹ ④	d	現金	***1,200,000***	資本金	***1,200,000***

2 (小計8点)

入金伝票
令和○年　月　日　No.

科目		入金先	殿
摘要		金額	
合計			

▶❶ ④

出金伝票
令和○年 8 月12日　No. 25

科目	通信費	支払先	兵庫郵便局　殿
摘要		金額	
郵便切手購入		***8400***	
合計		***8400***	

▶❷ ④

振替伝票
令和○年 8 月12日　No. 36

勘定科目	借方	勘定科目	貸方
備品	***500000***	未払金	***500000***
合計	***500000***	合計	***500000***
摘要	和歌山商店から事務用のパーソナルコンピュータ買い入れ　月末払い		

3

(1)

▶❶ 注文を受けただけでは簿記上の取引ではないので，内金の受け取りのみ仕訳をおこなう。

▶❷ 営業用に使用している携帯電話の料金については，通信費勘定で処理する。

▶❸ 岐阜商店に対する買掛金￥400,000を支払ったことを小切手から読み取る。

▶❹ 事務用のパーソナルコンピュータについては備品勘定で処理する。

▶❺ ただちに当座預金口座に預け入れているので，当座預金勘定で処理する。

▶❻ 引取運賃￥3,000については，仕入勘定に含めて処理する。

▶❼ 所得税の源泉徴収額については，所得税預り金勘定で処理する。

3 （小計42点）

(1)

仕　訳　帳　1

	令和○年		摘要		元丁	借方	貸方
	1	1	前期繰越高		✓	2,628,000	2,628,000
		4	（売掛金）		3	**595,000**	
				（売上）	11		**595,000**
▶❶ ③		5	（現金）		1	**150,000**	
				（前受金）	7		**150,000**
▶❷ ③		6	（通信費）		14	**13,000**	
				（現金）	1		**13,000**
▶❸ ③		9	（買掛金）		6	**400,000**	
				（当座預金）	2		**400,000**
		10	（仕入）		12	**620,000**	
				（買掛金）	6		**620,000**
▶❹ ③		11	（備品）		5	**320,000**	
				（未払金）	8		**320,000**
③		12	諸口	（売上）	11		**220,000**
			（前受金）		7	**150,000**	
			（売掛金）		3	**70,000**	
▶❺		13	（当座預金）		2	**580,000**	
				（売掛金）	3		**580,000**
▶❻		17	（仕入）	諸口	12	**503,000**	
				（買掛金）	6		**500,000**
				（現金）	1		**3,000**
		23	（売掛金）		3	**750,000**	
				（売上）	11		**750,000**
		24	（売上）		11	**15,000**	
				（売掛金）	3		**15,000**
▶❼		25	（給料）	諸口	13	**340,000**	
				（所得税預り金）	9		**23,000**
				（現金）	1		**317,000**
		31	（当座預金）		2	**70,000**	
				（売掛金）	3		**70,000**

（勘定科目の（　　）はなくてもよい。）
（諸口は記入しなくてもよい。）

総　勘　定　元　帳

現　金　1

1/1	541,000	**1/6**	**13,000**
5	**150,000**	**17**	**3,000**
		25	**317,000**

当座預金　2

1/1	524,000	**1/9**	**400,000**
13	**580,000**		
31	**70,000**		

売掛金　3

1/1	453,000	**1/13**	**580,000**
4	**595,000**	**24**	**15,000**
12	**70,000**	**31**	**70,000**
23	**750,000**		

繰越商品　4

1/1	710,000		

備　品　5

1/1	400,000		
11	**320,000**		

買掛金　6

1/9	**400,000**	1/1	585,000
		10	**620,000**
		17	**500,000**

前受金　7

③	**1/12**	**150,000**	1/1	43,000
			5	**150,000**

未払金　8

		1/11	**320,000**

所得税預り金　9

		1/25	**23,000**	③

資本金　10

		1/1	2,000,000

売　上　11

1/24	**15,000**	**1/4**	**595,000**
		12	**220,000**
		23	**750,000**

仕　入　12

1/10	**620,000**		
17	**503,000**		

給　料　13

1/25	**340,000**		

通信費　14

1/6	**13,000**		

(2)

売　掛　金　元　帳

愛　知　商　店　1

1/1	135,000	1/13	580,000
4	**595,000**	24	**15,000**
23	**750,000**	31	885,000 ▶❽ ③
	1,480,000		**1,480,000**

静　岡　商　店　2

1/1	318,000	1/31	**70,000**
12	**70,000**	〃	318,000 ▶❾
	388,000		**388,000**

(3)

合　計　試　算　表

令和○年1月31日

	借　方	元丁	勘定科目	貸　方	
③	**691,000**	1	現　金	**333,000**	
	1,174,000	2	当座預金	**400,000**	③
▶⓫③	**1,868,000**	3	売掛金	**665,000**	
▶❿	**710,000**	4	繰越商品		
	720,000	5	備　品		
	400,000	6	買掛金	**1,705,000**	③
	150,000	7	前受金	**193,000**	
		8	未払金	**320,000**	
		9	所得税預り金	**23,000**	
		10	資本金	**2,000,000**	▶⓬
	15,000	11	売　上	**1,565,000**	③
	1,123,000	12	仕　入		
	340,000	13	給　料		
	13,000	14	通信費		
	7,204,000			**7,204,000**	③

4 (小計10点)

(1)

	▶❶		▶❷
ア	**¥1,450,000** ②	イ	**¥7,770,000** ②

(2) ▶❸

3 ②

(3)

	▶❹		▶❺
ア	**1** ②	イ	**3** ②

ポイント

(2)

▶❽ 愛知商店に対する売掛金の取引を愛知商店勘定に転記する。次月繰越については赤字で記入する。

▶❾ 静岡商店に対する売掛金の取引を静岡商店勘定に転記する。1月12日と1月31日の取引が該当する。次月繰越については赤字で記入する。

(3)

▶❿ 決算整理前の勘定残高を集計する表なので，繰越商品勘定の合計金額は期首商品棚卸高¥710,000を記入する。

▶⓫ 愛知商店勘定の借方合計金額と静岡商店勘定の借方合計金額の合計と売掛金勘定の借方合計金額¥1,868,000が一致していることを確認する。

▶⓬ 3級の出題範囲内には追加元入れや引き出しがないので，資本金勘定には期首資本金¥2,000,000を記入する。

4

(1)

▶❶ まず期首の純資産額（資本）を計算するために，次のようなボックス図を書いて分析する。

期末純資産 ¥2,570,000	期首純資産 （¥2,000,000）
	当期純利益 ¥570,000

期首の資産総額から期首の純資産額（資本の額）を差し引くと，期首の負債総額を計算できる。

¥3,450,000－¥2,000,000＝¥1,450,000

▶❷ ¥8,340,000－¥570,000＝¥7,770,000

(2)

▶❸ 残高試算表から，損益計算書と貸借対照表を作成する手続きを一覧表にしたものを精算表という。

選択肢のなかにある棚卸表は，決算整理事項を一覧表にまとめたもので，合計資産表は，決算整理前に仕訳帳から総勘定元帳への転記が正しくおこなわれたかどうかを確認するために作成される表である。

(3)

▶❹ 総勘定元帳は英語では，General ledgerとなる。「Ledger」だけでだと「元帳」という意味になる。

▶❺ 転記は英語ではPostingとなる。Journalは「仕訳帳」という意味で，Temporary receiptは仮受金の意味である。

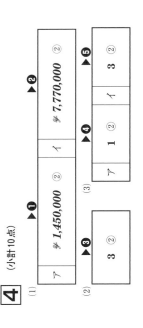

5 （小計24点）

(1)

		借方		貸方	
▶❶	a	仕入	**890,000**	繰越商品	**890,000**
		繰越商品	**900,000**	仕入	**900,000**
▶❷ ④	b	貸倒引当金繰入	**57,000**	貸倒引当金	**57,000**
▶❸	c	減価償却費	**90,000**	備品	**90,000**

(2)

損益　21

	日付	摘要	金額	日付	摘要	金額	
▶❹④	12/31	（仕入）	(**5,090,000**)	12/31	（売上）	(**7,664,000**)	▶❺④
	〃	給料	1,200,000	〃	受取利息	20,000	
	〃	（貸倒引当金繰入）	(**57,000**)				
	〃	（減価償却費）	(**90,000**)				
	〃	支払家賃	820,000				
	〃	水道光熱費	94,000				
	〃	消耗品費	46,000				
	〃	雑費	58,000				
▶❻④	〃	（資本金）	(**229,000**)				
			(**7,684,000**)			(**7,684,000**)	

(3)

貸借対照表

鳥取商店　令和○年12月31日　（単位：円）

	資産		金額	負債および純資産	金額
	現金		345,000	買掛金	1,200,000
	当座預金		768,000	（所得税預り金）	(**104,000**)
	売掛金	(**2,340,000**)		資本金	(**4,000,000**)
	（貸倒引当金）	(**117,000**)	(**2,223,000**)	（当期純利益）	(**229,000**)
▶❼④	（商品）		(**900,000**)		
	貸付金		(**667,000**)		
④	（備品）		(**630,000**)		
			(**5,533,000**)		(**5,533,000**)

5

(1)

▶❶ 期首商品棚卸高¥890,000を仕入勘定の借方に記入し，期末商品棚卸高¥900,000を仕入勘定から繰越商品勘定に振り替えて，売上原価を計算する。

▶❷ ¥2,340,000 × 0.05 − ¥60,000 = ¥57,000

▶❸ $\frac{¥900,000 - ¥0}{10年} = ¥90,000$

(2)

▶❹ 売上原価は仕入勘定で計算され，仕入勘定から損益勘定に振り替えられることに注意する。

▶❺ 損益勘定には売上勘定から残高が振り替えられるので「売上」となる。

▶❻ 損益勘定から資本金勘定に当期純利益を振り替える。

（借）損　益　229,000　（貸）資本金　229,000

(3)

▶❼ 貸借対照表では「繰越商品」ではなく，「商品」として表示する。

模擬試験問題　【第　3　回】　3　級

ポイント

1

▶❶ 勘定科目あるいは金額が不明な出金については仮払金勘定で処理し，勘定科目と金額が確定してから該当する勘定科目に振り替える。

▶❷ 土地を購入した場合には，登記料や買入手数料などの付随費用も取得原価に含めて処理する。

▶❸ 庶務係から小口現金の支払報告を受けた段階で次の仕訳をおこなう。

(借)通 信 費　*9,000*　(貸)小口現金 *28,000*
　交 通 費 *17,000*
　雑　　費　*2,000*

小切手を振り出して小口現金を補給しているので次の仕訳をおこなう。

(借)小口現金 *28,000*　(貸)当座預金 *28,000*

この問題では支払報告を受けるのと同時に小口現金の補給をおこなっているので小口現金勘定を相殺して，次の仕訳でもよい。

(借)通 信 費　*9,000*　(貸)当座預金 *28,000*
　交 通 費 *17,000*
　雑　　費　*2,000*

▶❹ 先に支払ってある内金については，前払金勘定（資産の勘定）で処理する。

2

▶❶ 借用証書による貸付金の回収については，現金で回収しているので入金伝票を起票する。仕訳を示すと次のようになる。

(借)現　　金 *860,000*　(貸)貸 付 金 *860,000*

▶❷ 小切手の振り出しによる定期預金口座への預け入れは，現金の収入や支出をともなわないので振替伝票を起票する。仕訳を示すと次のようになる。

(借)定期預金 *300,000*　(貸)当座預金 *300,000*

1　(小計16点)

		借方		貸方	
▶❶ ④	a	仮払金	*80,000*	現金	*80,000*
▶❷ ④	b	土地	*4,350,000*	当座預金	*4,350,000*
▶❸ ④	c	通信費	*9,000*	小口現金	*28,000*
		交通費	*17,000*		
		雑費	*2,000*		
		小口現金	*28,000*	当座預金	*28,000*
▶❹ ④	d	仕入	*800,000*	前払金	*150,000*
				買掛金	*650,000*

2　(小計8点)

▶❶ ④

入金伝票
令和○年 **9** 月 **25** 日　No. **39**

科目	貸付金	入金先	広島商店 殿
摘要		金額	
借用証書による貸付金回収		*860000*	
合計		*860000*	

出金伝票
令和○年　月　日　No.

科目		支払先	殿
摘要		金額	
合計			

▶❷ ④

振替伝票
令和○年 **9** 月 **25** 日　No. **27**

勘定科目	借方	勘定科目	貸方
定期預金	*300000*	当座預金	*300000*
合計	*300000*	合計	*300000*
摘要	全商銀行に定期預金預け入れ　小切手#8振り出し		

3

(1)

▶❶ 事務用のインクカートリッジについては，短期間で消費し，10万円未満なので，買い入れたさいに消耗品費勘定（費用の勘定）で処理する。

▶❷ 事務用のパーソナルコンピュータについては備品勘定で処理する。

▶❸ 他人振り出しの小切手については，現金勘定で処理するのが原則だが，「ただちに当座預金口座に預け入れた」場合には当座預金勘定で処理する。

▶❹ 「旅費の概算額」については仮払金勘定で処理する。

▶❺ 所得税の源泉徴収額については，所得税預り金勘定（負債の勘定）で処理する。

▶❻ 未払金を支払ったときには，未払金勘定（負債の勘定）の借方に記入する。

3 （小計42点）

(1)

仕　訳　帳　1

	令和○年		摘　　要	元丁	借　方	貸　方
	1	1	前期繰越高	✓	3,432,000	3,432,000
		7	（売 掛 金）	3	**275,000**	
			（売　　上）	11		**275,000**
▶❶ ③		9	（消耗品費）	14	**32,000**	
			（未 払 金）	8		**32,000**
▶❷ ③		11	（備　　品）	6	**284,500**	
			（当座預金）	2		**284,500**
		13	（仕　　入）	12	**780,000**	
			（買 掛 金）	7		**780,000**
		14	（買 掛 金）	7	**6,100**	
			（仕　　入）	12		**6,100**
▶❸ ③		15	諸　　口　（売　　上）	11		**658,000**
			（当座預金）	2	**350,000**	
			（売 掛 金）	3	**308,000**	
		16	（売　　上）	11	**21,000**	
			（売 掛 金）	3		**21,000**
▶❹ ③		17	（仮 払 金）	5	**90,000**	
			（現　　金）	1		**90,000**
		19	（買 掛 金）	7	**50,000**	
			（当座預金）	2		**50,000**
		20	諸　　口　（仮 払 金）	5		**90,000**
			（旅　　費）	15	**84,100**	
			（現　　金）	1	**5,900**	
		21	（買 掛 金）	7	**130,000**	
			（当座預金）	2		**130,000**
▶❺ ③		25	（給　　料）　諸　　口	13	**400,000**	
			（所得税預り金）	9		**39,000**
			（現　　金）	1		**361,000**
		27	（現　　金）	1	**300,000**	
			（売 掛 金）	3		**300,000**
▶❻		31	（未 払 金）	8	**32,000**	
			（現　　金）	1		**32,000**

（勘定科目の（　　）はなくてもよい。）
（諸口は記入しなくてもよい。）

総　勘　定　元　帳

現　　金　1

1/1	543,000	1/17	**90,000**
20	**5,900**	25	**361,000**
27	**300,000**	31	**32,000**

当 座 預 金　2

1/1	520,000	1/11	**284,500**
15	**350,000**	19	**50,000**
		21	**130,000**

売 掛 金　3

1/1	421,000	1/16	**21,000**
7	**275,000**	27	**300,000**
15	**308,000**		

繰 越 商 品　4

1/1	408,000		

仮 払 金　5

1/17	**90,000**	1/20	**90,000**

備　　品　6

1/1	1,540,000		
11	**284,500**		

買 掛 金　7

1/14	**6,100**	1/1	432,000
19	**50,000**	13	**780,000**
21	**130,000**		

未 払 金　8

1/31	**32,000**	1/9	**32,000**

所得税預り金　9

		1/25	**39,000**

資 本 金　10

		1/1	3,000,000

売　　上　11

1/16	**21,000**	1/7	**275,000**
		15	**658,000**

仕　　入　12

1/13	**780,000**	1/14	**6,100** ③

給　　料　13

1/25	**400,000**		

消 耗 品 費　14

1/9	**32,000**		

旅　　費　15

③ 1/20	**84,100**		

(2)

商品有高帳

(移動平均法)　（品名）A品　(単位：個)

令和○年		摘要	受入 数量	受入 単価	受入 金額	払出 数量	払出 単価	払出 金額	残高 数量	残高 単価	残高 金額	
1	1	前月繰越	600	400	240,000				600	400	240,000	
	7	**新潟商店**				**500**	**400**	**200,000**	**100**	**400**	**40,000**	
	13	**滋賀商店**	**900**	**460**	**414,000**				**1,000**	**454**	**454,000**	▶❼ ③
	15	**長野商店**				**700**	**454**	**317,800**	**300**	**454**	**136,200**	
	31	次月繰越				300	454	136,200				
			1,500		**654,000**	**1,500**		**654,000**				▶❽

(3)

残高試算表 ▶❾

令和○年1月31日

	金額	元丁	勘定科目	金額	
③	**365,900**	1	現金		
③	**405,500**	2	当座預金		
③	**683,000**	3	売掛金		
▶❿	**408,000**	4	繰越商品		
		5	仮払金		
	1,824,500	6	備品		
		7	買掛金	**1,025,900**	③
		8	未払金		
		9	所得税預り金	**39,000**	
		10	資本金	**3,000,000**	▶⓫
		11	売上	**912,000**	③
	773,900	12	仕入		
	400,000	13	給料		
	32,000	14	消耗品費		
	84,100	15	旅費		
▶⓬③	**4,976,900**			**4,976,900**	

4 (小計10点)

(1)

	▶❶		▶❷
ア	**1** ②	イ	**4** ②

(2)

▶❸
2 ②

(3)

	▶❹		▶❺
a	**¥6,300,000** ②	b	**¥2,200,000** ②

ポイント

(2)

▶❼ 移動平均法が採用されていることに注意して商品有高帳に記入していく。また，記入されるのはA品の受け払いのみであり，たとえば1月13日のB品の仕入取引などを記入しないように注意する。

A品の仕入取引と売上取引は1月7日・13日・15日であり，締め切る前に確認しておく。

▶❽ 商品有高帳を締め切るさいには，日付欄にも二重線を引くことを忘れないようにする。

(3)

▶❾ 各勘定に記入された借方合計金額と貸方合計金額を相殺した後の残高を集計して作成する。最終的には借方と貸方の最終行の金額が一致することを確認する。もし，借方と貸方の最終行の金額が一致していない場合には，転記が正しくおこなわれていないことになるので，仕訳帳から総勘定元帳に正しく転記されているかどうかを再確認する。

▶❿ 決算整理前の残高試算表なので，繰越商品勘定の残高は期首商品棚卸高¥408,000となる。

▶⓫ 3級の出題範囲には追加元入れも資本の引き出しも含まれていないため，資本金勘定の残高は期首資本金¥3,000,000となる。

▶⓬ 最終行の金額が¥4,976,900で一致していることを確認する。

4

(1)

▶❶ 簿記は英語でBookkeepingとなる。

▶❷ 取引は英語でTransactionである。なお，Debitは借方の意味で，Incomeは収益という意味である。

(2)

▶❸ 仕訳帳と総勘定元帳にはすべての取引が記録されるので主要簿となる。一方，特定の取引や勘定に関する明細を記入する帳簿を補助簿という。補助簿には，特定の取引の明細を記入する補助記入帳と特定の勘定の明細を記入する補助元帳とがある。

(3)

▶❹ ¥5,100,000＋¥1,200,000＝¥6,300,000

▶❺ 当期純利益が¥1,200,000なので，決算振替仕訳は次のようになる。

(借)損　益 1,200,000　(貸)資本金 1,200,000

これにより資本金勘定に12月31日に損益勘定から振り替えられた金額は¥1,200,000と判明するので，前期繰越（期首の資本金）は¥7,400,000と判明する。期首の資産総額から期首の資本金を差し引くと，期首の負債総額を計算できる。

¥9,600,000－¥7,400,000＝¥2,200,000

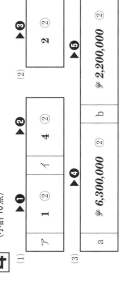

5

(1) 精算表の完成

決算整理仕訳

▶❶ a.(借)仕　入 840,000　(貸)繰越商品 840,000
　　　繰越商品 890,000　　仕　入 890,000

仕入の行の損益計算書欄の借方 ¥6,303,000 は売上原価を意味することを覚えておこう。

▶❷ b.(借)貸倒引当金繰入 27,000　(貸)貸倒引当金 27,000
¥2,600,000 × 0.02 − ¥25,000 = ¥27,000

▶❸ c.(借)減価償却費 135,000　(貸)備　品 135,000
$\frac{¥1,200,000 - ¥1,200,000 \times 0.1}{8年} = ¥135,000$

▶❹ 損益計算書欄の貸借差額と貸借対照表欄の貸借差額が当期純利益として一致する。なお，損益計算書欄の当期純利益の金額は赤または黒で記入する。

(2) 勘定の締め切り

▶❺ 当座預金勘定は資産の勘定であるから，貸借差額（残高）を決算日の日付で次期繰越と赤記して締め切る。

▶❻ 給料勘定は費用の勘定であり，損益勘定に振り替える。参考までに，決算振替仕訳を示す。

(借)売　上 8,790,000　(貸)損　益 9,020,000
　　受取手数料 230,000
(借)損　益 8,848,000　(貸)仕　入 6,303,000
　　　　　　　　　　　　給　料 1,550,000
　　　　　　　　　　　　支払家賃 600,000
　　　　　　　　　　　　水道光熱費 127,000
　　　　　　　　　　　　雑　費 82,000
　　　　　　　　　　　　支払利息 24,000
　　　　　　　　　　　　貸倒引当金繰入 27,000
　　　　　　　　　　　　減価償却費 135,000
(借)損　益 172,000　(貸)資本金 172,000

5 (小計24点)

(1)

精　算　表
令和○年12月31日

勘定科目	残高試算表		整理記入		損益計算書		貸借対照表	
	借方	貸方	借方	貸方	借方	貸方	借方	貸方
現金	821,000						**821,000**	
当座預金	2,081,000						**2,081,000**	
売掛金	2,600,000						**2,600,000**	
▶❷ 貸倒引当金		25,000		**27,000**				**52,000** ④
▶❶ 繰越商品	840,000		**890,000**	**840,000**			**890,000**	
▶❸ 備品	795,000			**135,000**			**660,000**	
買掛金		1,328,000						**1,328,000**
借入金		500,000						**500,000**
資本金		5,000,000						**5,000,000**
売上		8,790,000				**8,790,000**		
受取手数料		230,000				**230,000**		
▶❶ 仕入	6,353,000		**840,000**	**890,000**	**6,303,000** ④			
給料	1,550,000				**1,550,000**			
支払家賃	600,000				**600,000**			
水道光熱費	127,000				**127,000**			
雑費	82,000				**82,000**			
支払利息	24,000				**24,000**			
	15,873,000	15,873,000						
▶❷ **貸倒引当金繰入**			**27,000**		**27,000**			
▶❸ **減価償却費**			**135,000**		**135,000** ④			
▶❹ 当期純利益				④	172,000			**172,000**
			1,892,000	**1,892,000**	**9,020,000**	**9,020,000**	**7,052,000**	**7,052,000**

(2)

▶❺ 当座預金　2

	3,896,000		1,815,000
		12/31 次期繰越	2,081,000 ④
	3,896,000		**3,896,000**

▶❻ 給料　13

	1,550,000	**12/31 損　益**	**1,550,000** ④

（勘定科目欄の当期純利益と損益計算書欄の ¥172,000 は黒記でもよい。）

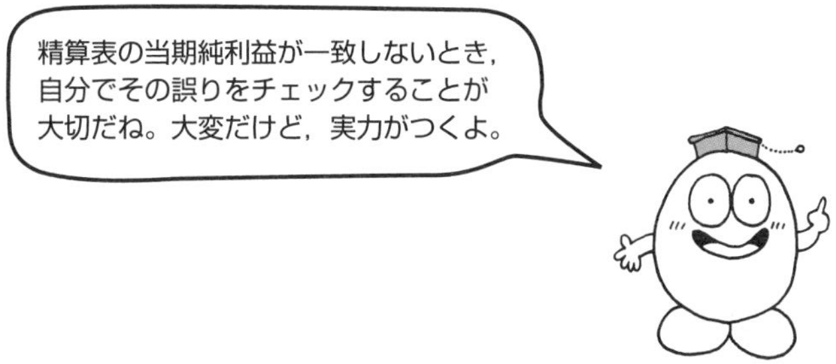
精算表の当期純利益が一致しないとき，
自分でその誤りをチェックすることが
大切だね。大変だけど，実力がつくよ。

模擬試験問題　【第　4　回】　3　級

ポイント

1

▶❶ 借用証書によって金銭を貸し付けたときの貸付額については貸付金勘定（資産の勘定）で処理し，貸付金が返済されたさいには，貸し主は貸付金勘定の貸方に記入する。また，利息を受け取った場合には受取利息勘定（収益の勘定）で処理する。

▶❷ 貸し倒れになった金額を売掛金勘定の貸方に記入するとともに，貸倒引当金勘定の残高を借方に記入して，不足額を貸倒損失勘定の借方に記入する。

▶❸ 勘定科目あるいは金額が未確定な収入については，仮受金勘定（負債の勘定）で処理する。この問題では仮受金の内容が売掛金の回収額であることが判明したため，仮受金勘定の借方と売掛金勘定の貸方に記入する。

▶❹ 固定資産の取得原価には，購入代金のほかに固定資産を使用するまでに要した付随費用を含める。付随費用には，登記料や買入手数料のほかに整地費用・引取運賃・据付費・試運転費などがある。

2

▶❶ 商品代金の内金として現金を受け取り，現金が増加しているので，入金伝票を起票する。仕訳を示すと次のようになる。

（借）現　　金 *20,000*　（貸）前 受 金 *20,000*

▶❷ 折り込み広告代金については，広告料勘定で処理する。現金で支払っているので，出金伝票を起票する。仕訳を示すと次のようになる。

（借）広 告 料 *16,000*　（貸）現　　金 *16,000*

1　（小計16点）

		借　方		貸　方	
▶❶ ④	a	当座預金	***383,000***	貸付金	***370,000***
				受取利息	***13,000***
▶❷ ④	b	貸倒引当金	***170,000***	売掛金	***240,000***
		貸倒損失	***70,000***		
▶❸ ④	c	仮受金	***420,000***	売掛金	***420,000***
▶❹ ④	d	建物	***3,370,000***	当座預金	***3,000,000***
				現金	***370,000***

2　（小計8点）

▶❶ ④

入　金　伝　票
令和○年**10**月**5**日　No. **65**

科目	前受金	入金先	高知商店　殿
摘　要		金　額	
商品代金の内金受け取り		***20000***	
合　計		***20000***	

▶❷ ④

出　金　伝　票
令和○年**10**月**5**日　No. **42**

科目	広告料	支払先	四国新聞店　殿
摘　要		金　額	
折り込み広告代金の支払い		***16000***	
合　計		***16000***	

振　替　伝　票
令和○年　月　日　No.

勘定科目	借　方	勘定科目	貸　方
合　計		合　計	
摘要			

3

(1)

▶❶ 旅費の概算額については，仮払金勘定で処理する。

▶❷ 郵便切手の購入代金は通信費勘定で処理する。

▶❸ 得意先が振り出した小切手を受け取っているので，原則としては現金勘定で処理するが，ただちに当座預金口座に預け入れた場合には，当座預金勘定で処理する。

▶❹ 引取運賃￥3,000を仕入勘定に含めて処理することに注意する。

▶❺ 秋田商店が振り出した小切手については，現金勘定で処理する。

▶❻ 仮払金勘定の貸方に記入するとともに，旅費として確定した￥53,300を旅費勘定で処理する。また，残額￥6,700については現金勘定で処理する。

▶❼ 所得税の源泉徴収額については，所得税預り金勘定で処理する。

3 （小計42点）

(1)

仕訳帳

1

	令和○年		摘要		元丁	借方	貸方
	1	1	前期繰越高		✓	2,333,000	2,333,000
		4	（仕入）		11	460,000	
				（当座預金）	2		460,000
		8	諸口	（売上）	10		420,000
			（現金）		1	60,000	
			（売掛金）		3	360,000	
		9	（売上）		10	14,000	
				（売掛金）	3		14,000
▶❶ ③		10	（仮払金）		6	60,000	
				（現金）	1		60,000
▶❷ ③		11	（通信費）		13	14,700	
				（現金）	1		14,700
▶❸		15	（当座預金）		2	173,000	
				（売掛金）	3		173,000
		17	（売掛金）		3	430,000	
				（売上）	10		430,000
▶❹ ③		18	（仕入）	諸口	11	153,000	
				（買掛金）	7		150,000
				（現金）	1		3,000
		19	（買掛金）		7	10,000	
				（仕入）	11		10,000
▶❺ ③		20	（現金）		1	180,000	
				（売掛金）	3		180,000
▶❻ ③		21	諸口	（仮払金）	6		60,000
			（旅費）		14	53,300	
			（現金）		1	6,700	
▶❼		25	（給料）	諸口	12	320,000	
				（所得税預り金）	8		28,000
				（現金）	1		292,000
		31	（買掛金）		7	132,000	
				（当座預金）	2		132,000

（勘定科目の（　　）はなくてもよい。）
（諸口は記入しなくてもよい。）

総勘定元帳

現金 1

1/1	632,000	1/10	60,000
8	60,000	11	14,700
20	180,000	18	3,000
21	6,700	25	292,000

当座預金 2

1/1	625,000	1/4	460,000
15	173,000	31	132,000

売掛金 3

1/1	786,000	1/9	14,000
8	360,000	15	173,000
17	430,000	20	180,000

貸倒引当金 4

		1/1	43,000

繰越商品 5

1/1	290,000		

仮払金 6

1/10	60,000	1/21	60,000

買掛金 7

③	1/19	10,000	1/1	290,000
	31	132,000	18	150,000

所得税預り金 8

		1/25	28,000	③

資本金 9

		1/1	2,000,000

売上 10

1/9	14,000	1/8	420,000
		17	430,000

仕入 11

1/4	460,000	1/19	10,000
18	153,000		

給料 12

1/25	320,000		

通信費 13

1/11	14,700		

旅費 14

1/21	53,300		

(2)

仕　入　帳　1

令和○年		摘要		内訳	金額
1	4	山形商店	小切手		
		A　品　400個　@¥ 900		**360,000**	
		B　品　200個　@¥ 500		**100,000**	**460,000**
	18	福島商店	掛け		
		B　品　300個　@¥ 500		**150,000**	
		引取運賃現金払い		**3,000**	**153,000**
	19	福島商店	掛け返品		
		B　品　20個　@¥ 500			**10,000**
	31		総仕入高		**613,000**
	〃		仕入返品高		**10,000**
			純仕入高		**603,000**

▶❽ (1/4 entries)　▶❾③ (1/18 entries)　▶❿③ (1/19 entries)

(3)

合計試算表

令和○年1月31日

借方	元丁	勘定科目	貸方
③ **878,700**	1	現金	**369,700**
③ **798,000**	2	当座預金	**592,000**
1,576,000	3	売掛金	**367,000**
	4	貸倒引当金	**43,000**
▶⓫ **290,000**	5	繰越商品	
60,000	6	仮払金	**60,000**
142,000	7	買掛金	**440,000** ③
	8	所得税預り金	**28,000**
	9	資本金	**2,000,000** ▶⓮
14,000	10	売上	**850,000**
▶⓬③ **613,000**	11	仕入	**10,000** ▶⓭
320,000	12	給料	
14,700	13	通信費	
53,300	14	旅費	
4,759,700			**4,759,700** ③

4　(小計10点)

(1)

	▶❶		▶❷
ア	¥ **6,940,000** ②	イ	¥ **3,100,000** ②

(2)

	▶❸		▶❹
ア	**2** ②	イ	**3** ②

(3)

▶❺
3 ②

ポイント

(2)

▶❽ 取引の日付を記入し，1行目に仕入先名と代金の支払方法を記入する。A品とB品を仕入れているので，内訳欄を利用してそれぞれの金額を記入する。

▶❾ 引取費用は仕入勘定に含めて処理するので，仕入帳にも記入することに注意する。

▶❿ 仕入返品や仕入値引きは，日付から金額までのすべてを赤字で記入する。

(3)

▶⓫ 総勘定元帳の各勘定の借方合計金額と貸方合計金額を集めて作成するのが合計試算表である。決算整理前の合計金額なので，繰越商品勘定の合計金額は期首商品棚卸高 *¥ 290,000* を記入する。

▶⓬ 仕入帳の総仕入高 *¥ 613,000* と一致していることを確認する。

▶⓭ 仕入帳の仕入返品高 *¥ 10,000* と一致していることを確認する。

▶⓮ 3級の出題範囲内では，資本金勘定には期首資本金 *¥ 2,000,000* を記入することになる。

4

(1)

▶❶ *¥ 6,400,000* ＋ *¥ 540,000* ＝ *¥ 6,940,000*

▶❷ まず期末の純資産額（資本）を計算するために，次のようなボックス図を書いて分析する。

期末純資産	期首純資産
(*¥ 560,000*)	*¥ 1,100,000*
	当期純損失
	△ *¥ 540,000*

期末の純資産額と期末の負債総額を足すと，期末の資産総額を計算できる。

¥ 560,000 ＋ *¥ 2,540,000* ＝ *¥ 3,100,000*

(2)

▶❸ 精算表を英語で表すとWork Sheetとなる。略語として，W/Sと表記されることもある。

▶❹ 試算表を英語で表すとTrial Balanceとなる。略語として，T/Bと表記されることもある。なお，Balance Sheet(B/S)とは貸借対照表のことであり，Bad debtは，貸し倒れのことである。

(3)

▶❺ 売掛金勘定に対する貸倒引当金勘定のように，ある勘定の金額を修正する役割をもつ勘定を評価勘定という。

人名勘定とは，売掛金元帳や買掛金元帳で用いられるもので，得意先や仕入先の氏名や商号を勘定科目とするものである。

統制勘定とは，売掛金元帳の人名勘定をまとめた売掛金勘定や買掛金元帳の人名勘定をまとめた買掛金勘定などをさす。

5 (小計24点)

(1)

		借方		貸方	
▶❶	a	仕入	**1,340,000**	繰越商品	**1,340,000**
		繰越商品	**1,390,000**	仕入	**1,390,000**
▶❷	b	貸倒引当金繰入	**51,000**	貸倒引当金	**51,000**
▶❸④	c	減価償却費	**140,000**	備品	**140,000**

(2)

繰越商品　5

		1,340,000	12/31	仕入	**1,340,000**
12/31	仕入	**1,390,000**	〃	次期繰越	*1,390,000* ▶❹④
		2,730,000			**2,730,000**

(3)

損益計算書

北陸商店　令和○年1月1日から令和○年12月31日まで　(単位：円)

費用	金額	収益	金額
▶❺ (売上原価)	**6,330,000**	(売上高)	**8,896,000** ▶❻④
給料	*1,520,000*	受取手数料	**135,000**
④ (貸倒引当金繰入)	**51,000**		
(減価償却費)	**140,000**		
支払家賃	*300,000*		
消耗品費	*100,000*		
雑費	*95,000*		
支払利息	*18,000*		
▶❼④ (当期純利益)	*477,000*		
	9,031,000		**9,031,000**

貸借対照表

北陸商店　令和○年12月31日　(単位：円)

資産		金額	負債および純資産	金額
現金		*456,000*	買掛金	*1,653,000*
当座預金		*2,360,000*	(借入金)	**863,000**
売掛金	(**3,100,000**)		資本金	**4,500,000**
(貸倒引当金)	(**93,000**)	**3,007,000**	(当期純利益)	**477,000**
▶❽④ (商品)		**1,390,000**		
備品		**280,000**		
		7,493,000		**7,493,000**

(損益計算書の当期純利益の記入は，黒記でもよい。)

5

(1)

▶❶ 期首商品棚卸高 *¥1,340,000* を仕入勘定の借方に記入し，期末商品棚卸高 *¥1,390,000* を仕入勘定から繰越商品勘定に振り替えて，売上原価を計算する。

▶❷ *¥3,100,000* × 0.03 − *¥42,000* = *¥51,000*

▶❸ $\frac{¥700,000 - ¥0}{5年}$ = *¥140,000*

(2)

▶❹ 繰越商品勘定は資産の勘定なので，残高は次期繰越とする。

(3)

▶❺ 損益計算書では仕入勘定で計算した売上原価を「売上原価」として表示する。

▶❻ 損益計算書では「売上」ではなく，「売上高」として表示する。

▶❼ 損益計算書の当期純利益については黒字で記入してもよい。

▶❽ 貸借対照表では「繰越商品」ではなく，「商品」として表示する。

模擬試験問題　【第　5　回】　3　級

ポイント

1

▶❶ 運賃や荷造費といった発送費については，当店の費用として発送費勘定で処理する。

▶❷ 借用証書による貸し付けは貸付金勘定（資産の勘定）で処理する。貸付金が返済されたさいには，貸付金勘定の貸方に記入する。

貸付金	
金銭を貸し付けたとき	返済されたとき

▶❸ 従業員に給料を支払うさいに，従業員が負担するべき所得税額をあらかじめ控除して企業が預かる。これを源泉徴収制度といい，納付する時期に従業員に代わって企業が税務署に所得税を納付する。このとき所得税預り金勘定（負債の勘定）の借方に記入する。

なお，給料の支払時には，次の仕訳がおこなわれている。

(借)給　　料 ×××　(貸)所得税預り金 *58,000*
現金など ×××

▶❹ 旅費の概算額を支払ったさいには金額が確定していないので仮払金勘定で処理する。このとき次の仕訳がおこなわれている。

(借)仮 払 金 *60,000*　(貸)現金など *60,000*

2

▶❶ 商品売買の仲介料は受取手数料勘定（収益の勘定）で処理し，現金の収入をともなった取引なので入金伝票を起票する。仕訳にすると次のようになる。

(借)現　　金 *85,000*　(貸)受取手数料 *85,000*

▶❷ 小切手を振り出して借入金を返済した取引なので，入金取引でも出金取引でもない。したがって振替伝票を起票する。仕訳にすると次のようになる。

(借)借 入 金 *600,000* (貸)当座預金 *600,000*

1 (小計16点)

		借方		貸方	
▶❶ ④	a	当座預金	*350,000*	売上	*630,000*
		売掛金	*280,000*		
		発送費	*10,000*	現金	*10,000*
▶❷ ④	b	現金	*916,000*	貸付金	*900,000*
				受取利息	*16,000*
▶❸ ④	c	所得税預り金	*58,000*	現金	*58,000*
▶❹ ④	d	旅費	*56,900*	仮払金	*60,000*
		現金	*3,100*		

2 (小計8点)

▶❶ ④

入金伝票
令和○年 7 月 4 日　No. 18

科目	受取手数料	入金先	和歌山商店 殿
摘要		金額	
仲介手数料		*85000*	
合計		*85000*	

出金伝票
令和○年　月　日　No.

科目		支払先	殿
摘要		金額	
合計			

▶❷ ④

振替伝票
令和○年 7 月 4 日　No. 20

勘定科目	借方	勘定科目	貸方
借入金	*600000*	当座預金	*600000*
合計	*600000*	合計	*600000*
摘要	三重商店へ借入金を返済　小切手＃32振り出し		

3

(1)

▶❶ A品とB品の仕入高を合計して仕入勘定で処理する。

▶❷ 納品書から滋賀商店にA品を￥219,000売り渡したことを読み取る。納品書を読み取るさいには，当社が得意先に渡した納品書なのか，仕入先からもらった納品書なのかを慎重に読み取る。

▶❸ 事務用の机については備品勘定で処理する。

▶❹ 小切手を読み取るさいに，小切手の「耳」の部分の「渡先欄」をみるとどの商店に渡した小切手なのかを確認できる。

▶❺ レシートより消耗品として文房具を￥8,000購入したことがわかる。

▶❻「固定電話の利用料金」については通信費勘定で処理する。

▶❼ B品とC品の売上高を合計して，処理する。

3 (小計42点)

(1)

仕　訳　帳　　1

	令和○年		摘　要	元丁	借　方	貸　方
	1	1	前期繰越高	✓	4,180,000	4,180,000
▶❶		6	(仕　入)	12	**596,000**	
			(買 掛 金)	7		**596,000**
▶❷③		8	(売 掛 金)	3	**219,000**	
			(売　上)	10		**219,000**
▶❸③		11	(備　品)	6	**145,000**	
			(当座預金)	2		**145,000**
▶❹		13	(買 掛 金)	7	**250,000**	
			(当座預金)	2		**250,000**
▶❺③		16	(消耗品費)	15	**8,000**	
			(現　金)	1		**8,000**
		19	(現　金)	1	**185,000**	
			(売 掛 金)	3		**185,000**
		20	(仕　入)	12	**98,000**	
			(買 掛 金)	7		**98,000**
▶❻③		21	(通 信 費)	14	**35,000**	
			(現　金)	1		**35,000**
		24	(現　金)	1	**410,000**	
			(売 掛 金)	3		**410,000**
		25	(給　料) 諸　口	13	**280,000**	
			(所得税預り金)	8		**19,000**
			(現　金)	1		**261,000**
▶❼③		27	(売 掛 金)	3	**278,000**	
			(売　上)	10		**278,000**
		28	(売　上)	10	**34,000**	
			(売 掛 金)	3		**34,000**
		30	(買 掛 金)	7	**360,000**	
			(現　金)	1		**360,000**
		31	(現　金)	1	**7,500**	
			(受取手数料)	11		**7,500**

(勘定科目の（　　）はなくてもよい。)
(諸口は記入しなくてもよい。)

総　勘　定　元　帳

現　金　1

1/ 1	351,000	1/16	**8,000**
19	**185,000**	21	**35,000**
24	**410,000**	25	**261,000**
31	**7,500**	30	**360,000**

当座預金　2

1/ 1	1,663,000	1/11	**145,000**
		13	**250,000**

売掛金　3

1/ 1	886,000	1/19	**185,000**
8	**219,000**	24	**410,000**
27	**278,000**	28	**34,000** ③

貸倒引当金　4

		1/ 1	28,000

繰越商品　5

1/ 1	480,000		

備　品　6

1/ 1	800,000		
11	**145,000**		

買掛金　7

1/13	**250,000**	1/ 1	612,000
30	**360,000**	6	**596,000**
		20	**98,000**

所得税預り金　8

		1/25	**19,000** ③

資本金　9

		1/ 1	3,540,000

売　上　10

1/28	**34,000**	1/ 8	**219,000**
		27	**278,000**

受取手数料　11

		1/31	**7,500**

仕　入　12

1/ 6	**596,000**		
20	**98,000**		

給　料　13

1/25	**280,000**		

通信費　14

1/21	**35,000**		

消耗品費　15

1/16	**8,000**		

(2)

売　上　帳　　1

令和○年		摘　要		内　訳	金　額
1	8	滋賀商店	掛け		
		A　品　150個　@¥1,460			**219,000**
	27	京都商店	掛け		
		B　品　100個　@¥1,700		**170,000**	
		C　品　80個　@¥1,350		**108,000**	**278,000**
	28	京都商店	掛け返品		
		B　品　20個　@¥1,700			34,000
	31		総売上高		**497,000**
	〃		売上返品高		34,000
			純売上高		**463,000**

▶❽③（28日の行）　▶❾③（総売上高）

(3)

残高試算表
令和○年1月31日

	借　方	元丁	勘定科目	貸　方	
③	**289,500**	1	現　金		
③	**1,268,000**	2	当座預金		
	754,000	3	売掛金		
		4	貸倒引当金	**28,000**	▶❿
▶⓫	**480,000**	5	繰越商品		
	945,000	6	備　品		
		7	買掛金	**696,000**	
		8	所得税預り金	**19,000**	
		9	資本金	**3,540,000**	▶⓬
		10	売　上	**463,000**	③
		11	受取手数料	**7,500**	
③	**694,000**	12	仕　入		
	280,000	13	給　料		
	35,000	14	通信費		
	8,000	15	消耗品費		
③	**4,753,500**			**4,753,500**	

4 (小計10点)

(1) ▶❶ **1** ②

(2) **2** ②

(3)

a	**300** ② ▶❷	b	¥ **270,000** ② ▶❸	c	¥ **45,000** ②

ポイント

(2)

▶❽ 1月28日の売上返品については，売上帳に赤字で記入する。売上帳には借方欄や貸方欄がないため，赤字で記入しておかないと総売上高などの集計を間違える可能性があるためである。

▶❾ 月末に売上返品を除く売上高の合計を計算し，総売上高 ¥*497,000* を記入する。

(3)

▶❿ 期中に前期から繰り越された売掛金の貸し倒れなどがなければ，貸倒引当金勘定の残高は月初残高 ¥*28,000* のままである。

▶⓫ 決算整理前の勘定残高を集計する表なので，繰越商品勘定の残高は期首商品棚卸高 ¥*480,000* を記入する。

▶⓬ 資本金勘定には期首資本金 ¥*3,540,000* を記入する。

4

(1)

▶❶ accounts receivable は 売 掛 金，checking account は当座預金を表す。

(3)

▶❷ 移動平均法によって商品有高帳の空欄を埋めていく。1月7日の残高欄については数量750個，単価 ¥*600*，金額 ¥*450,000* である。また，1月19日には350個を払い出しているので，残高欄は数量400個，単価 ¥*600*，金額 ¥*240,000* となる。

単価は変化しないので，1月28日の残高欄は数量300個，単価 ¥*600* となり，（　ア　）には300個が入ることがわかる。

▶❸ 払出欄の金額を合計する。1月19日に山形商店に払い出した商品の金額は ¥*210,000*　28日に岩手商店に払い出した金額は ¥*60,000* なので，A品の売上原価は ¥*270,000* となる。

商　品　有　高　帳
（品名）A　品

（移動平均法）　　（単位：個）

令和○年		摘　要	受入 数量	受入 単価	受入 金額	払出 数量	払出 単価	払出 金額	残高 数量	残高 単価	残高 金額
1	1	前月繰越	250	620	155,000				250	620	155,000
	7	宮城商店	500	590	295,000				(**750**)	(**600**)	(**450,000**)
	19	山形商店				350	(**600**)	(**210,000**)	(**400**)	(**600**)	240,000
	28	岩手商店				(**100**)	(**600**)	(**60,000**)	(**300**)	(**600**)	180,000
	31	次月繰越				(300)	(600)	180,000			
			(**750**)		(**450,000**)	(**750**)		(**450,000**)			

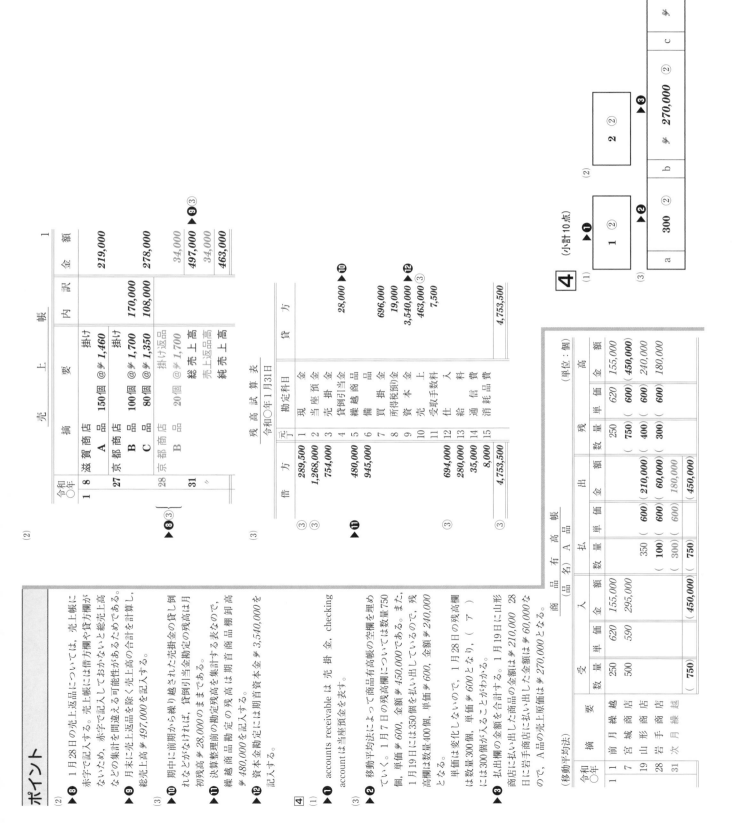

5 （小計24点）

(1)

精　算　表

令和○年12月31日

勘定科目	残高試算表 借方	残高試算表 貸方	整理記入 借方	整理記入 貸方	損益計算書 借方	損益計算書 貸方	貸借対照表 借方	貸借対照表 貸方
現金	521,000						**521,000**	
当座預金	2,763,000						**2,763,000**	
売掛金	3,100,000						**3,100,000**	
貸倒引当金		42,000		**20,000**				**62,000**
繰越商品	892,000		**728,000**	**892,000**			**728,000**	
貸付金	1,300,000						**1,300,000**	
備品	1,400,000			**280,000**			**1,120,000**	
買掛金		2,675,000						**2,675,000**
資本金		6,400,000						**6,400,000**
売上		8,313,000				**8,313,000**		
受取利息		52,000				**52,000**		
▶❶④ 仕入	4,971,000		**892,000**	**728,000**	**5,135,000**			
給料	1,885,000				**1,885,000**			
支払家賃	624,000				**624,000**			
雑費	26,000				**26,000**			
	17,482,000	17,482,000						
▶❷④ **貸倒引当金繰入**			**20,000**		**20,000**			
▶❸④ **減価償却費**			**280,000**		**280,000**			
当期純利益					395,000			**395,000** ④
			1,920,000	**1,920,000**	**8,365,000**	**8,365,000**	**9,532,000**	**9,532,000**

（勘定科目欄の当期純利益と損益計算書欄の ¥ 395,000 は黒記でもよい。）

(2)

備　品　7

1/1	前期繰越	1,400,000	12/31	**減価償却費**	**280,000**
			〃	次期繰越	1,120,000 ▶❹④
		1,400,000			**1,400,000**

(3) ▶❺

商品売買益	¥ **3,178,000** ④

5

(1)

▶❶ 期首商品棚卸高 ¥ 892,000 を仕入勘定の借方に記入し，期末商品棚卸高 ¥ 728,000 を仕入勘定から繰越商品勘定に振り替えて，仕入の行で売上原価を計算する。

▶❷ ¥ 3,100,000 × 0.02 − ¥ 42,000 = ¥ 20,000

▶❸

$$\frac{¥\,1{,}960{,}000 - ¥\,0}{7年} = ¥\,280{,}000$$

(2)

▶❹ 決算整理仕訳において直接法で減価償却をしているので，貸方に ¥ 280,000 を記入する。備品勘定は資産の勘定なので，貸借差額を決算の日付で次期繰越と赤記して締め切る。

(3)

▶❺ ¥ 8,313,000 − ¥ 5,135,000 = ¥ 3,178,000

模擬試験問題　【第　6　回】　3　級

ポイント

1

▶❶ 引取運賃などの仕入諸掛は仕入勘定に含めて処理する。なお，内金を支払ったさいに次の仕訳がおこなわれている。
(借)前払金　200,000　(貸)現金など　200,000

▶❷ 土地などの固定資産を購入したさいに要した買入手数料や登記料，整地費用などの付随費用は取得原価に含めて処理する。

▶❸ 給料の支払いにあたっては，その総額を給料勘定の借方に記入し，所得税などの控除額を差し引いた金額￥383,000が正味支払額となる。所得税の源泉徴収額については，所得税預り金勘定（負債の勘定）で処理する。

▶❹ 家賃の受け取りは，受取家賃勘定（収益の勘定）で処理する。

2

▶❶ 旅費の概算額を現金で支払ったので，出金伝票を起票する。旅費の概算額については仮払金勘定で処理する。仕訳を示すと次のようになる。
(借)仮払金　50,000　(貸)現　金　50,000

▶❷ 営業用車両については車両運搬具勘定で処理し，月末に支払う代金については未払金勘定で処理する。
(借)車両運搬具　2,680,000　(貸)未払金　2,680,000

1 (小計16点)

		借方		貸方	
▶❶④	a	仕入	493,000	前払金	200,000
				買掛金	285,000
				現金	8,000
▶❷④	b	土地	8,400,000	当座預金	8,230,000
				現金	170,000
▶❸④	c	給料	420,000	所得税預り金	37,000
				現金	383,000
▶❹④	d	現金	76,000	受取家賃	76,000

2 (小計8点)

入金伝票
令和○年　月　日　No.

科目		入金先	殿
摘要		金額	
合計			

▶❶④

出金伝票
令和○年10月5日　No. 9

科目	仮払金	支払先	青森一郎 殿
摘要		金額	
旅費の概算額		50000	
合計		50000	

▶❷④

振替伝票
令和○年10月5日　No. 10

勘定科目	借方	勘定科目	貸方
車両運搬具	2680000	未払金	2680000
合計	2680000	合計	2680000
摘要	秋田自動車販売店から営業用車両買い入れ　代金は月末支払い		

3

(1)

▶❶ A品とB品の仕入高をあわせて仕入勘定で処理する。

▶❷ 仕入返品時には，商品を仕入れた時の仕訳の逆仕訳をおこなう。

▶❸ 領収証より事務用の付箋と蛍光ペンを¥3,800購入したことを読み取る。事務用の付箋と蛍光ペンについては消耗品費勘定で処理する。

▶❹ 商品陳列用ケースについては，備品勘定で処理する。

▶❺ 小切手より北海道商店に対する買掛金の一部¥120,000を支払ったことがわかる。

▶❻ 貸付金の回収時に受け取った利息については，受取利息勘定で処理する。

▶❼ 源泉徴収額については所得税預り金勘定で処理する。

3 (小計42点)

(1)

仕　訳　帳　1

	令和○年		摘要		元丁	借方	貸方
	1	1	前期繰越高		✓	5,737,000	5,737,000
▶❶③		5	(仕入)	諸口	12	752,000	
				(当座預金)	2		500,000
				(買掛金)	7		252,000
▶❷③		6	(買掛金)		7	23,000	
				(仕入)	12		23,000
▶❸③		7	(消耗品費)		14	3,800	
				(現金)	1		3,800
		9	(売掛金)		3	864,000	
				(売上)	10		864,000
		12	(買掛金)		7	260,000	
				(現金)	1		260,000
▶❹		14	(備品)		6	380,000	
				(当座預金)	2		380,000
▶❺		16	(買掛金)		7	120,000	
				(当座預金)	2		120,000
		18	(水道光熱費)		15	42,000	
				(現金)	1		42,000
		20	(現金)		1	430,000	
				(売掛金)	3		430,000
▶❻③		22	(当座預金)	諸口	2	503,200	
				(貸付金)	5		500,000
				(受取利息)	11		3,200
		23	(仕入)		12	521,600	
				(買掛金)	7		521,600
▶❼③		25	(給料)	諸口	13	280,000	
				(所得税預り金)	8		19,000
				(現金)	1		261,000
		26	(売掛金)		3	647,400	
				(売上)	10		647,400
		29	(当座預金)		2	330,000	
				(売掛金)	3		330,000

(勘定科目の（　　）はなくてもよい。)
(諸口は記入しなくてもよい。)

総　勘　定　元　帳

現　金　1

1/1	648,000	1/7	3,800
20	430,000	12	260,000
		18	42,000
		25	261,000

当座預金　2

1/1	1,987,000	1/5	500,000
22	503,200	14	380,000
29	330,000	16	120,000

売掛金　3

1/1	1,210,000	1/20	430,000
9	864,000	29	330,000
26	647,400		

繰越商品　4

1/1	732,000		

貸付金　5

1/1	700,000	1/22	500,000

備　品　6

1/1	460,000		
14	380,000		

買掛金　7

1/6	23,000	1/1	1,037,000
12	260,000	5	252,000
16	120,000	23	521,600

所得税預り金　8

		1/25	19,000

資本金　9

		1/1	4,700,000

売　上　10

		1/9	864,000
		26	647,400 ③

受取利息　11

		1/22	3,200 ③

仕　入　12

1/5	752,000	1/6	23,000
23	521,600		

給　料　13

1/25	280,000		

消耗品費　14

1/7	3,800		

水道光熱費　15

1/18	42,000		

ポイント

(2)

▶❽ 1月6日の仕入返品については，総勘定元帳の買掛金勘定と買掛金元帳の北海道商店勘定の借方に転記することに注意する。

(3)

▶❾ 決算整理前なので，繰越商品勘定には期首商品棚卸高 ￥732,000が記入されているのみである。

▶❿ 買掛金元帳の北海道商店勘定と和歌山商店勘定の借方合計金額 ￥403,000（＝￥23,000＋￥120,000＋￥260,000）と貸方合計金額 ￥1,810,600がそれぞれ合計試算表の金額と一致することを確認する。

▶⓫ 資本金勘定には期首資本金 ￥4,700,000を記入する。

4

(1)

▶❶ 純資産（資本）の変動を次のようなボックス図を書いて分析する。

期末純資産（￥4,798,000）	期首純資産 ￥3,518,000
	当期純利益 ￥1,280,000

期末の資産総額から期末純資産を差し引くと，期末の負債総額を計算できる。

￥7,825,000－￥4,798,000＝￥3,027,000

▶❷ 次のような仕入勘定のボックス図を書いて売上原価を計算する。

仕　入

期首商品 ￥627,000	売上原価（￥4,162,000）
当期仕入高 ￥4,252,000	
	期末商品 ￥717,000

(2)

▶❸ 「Closing books」は決算という意味である。

▶❹ 「Credit」には資金を「貸し付ける」という意味があるので，「貸方」は「Credit」となる。逆に「Debit」の元になっている「Debt」には「借金」という意味があるので，「借方」を意味する。

▶❺ 特定の取引の明細を記録する補助記入帳と特定の勘定の明細を記入する補助元帳を合わせて，補助簿という。売掛金元帳は，補助元帳に相当する。

(2)

買　掛　金　元　帳

北　海　道　商　店　1

▶❽③	1/6	23,000	1/1		465,000
	16	120,000		5	252,000
	31	574,000			
		717,000			717,000

和　歌　山　商　店　2

	1/12	260,000	1/1		572,000
③	31	833,600		23	521,600
		1,093,600			1,093,600

(3)

合　計　試　算　表

令和○年1月31日

	借　方	元丁	勘定科目	貸　方	
③	1,078,000	1	現　　金	566,800	
	2,820,200	2	当座預金	1,000,000	③
	2,721,400	3	売 掛 金	760,000	
▶❾	732,000	4	繰越商品		
	700,000	5	貸 付 金	500,000	
	840,000	6	備　　品		
▶❿	403,000	7	買 掛 金	1,810,600	③▶❿
		8	所得税預り金	19,000	
		9	資 本 金	4,700,000	▶⓫
		10	売　　上	1,511,400	③
		11	受取利息	3,200	
③	1,273,600	12	仕　　入	23,000	
	280,000	13	給　　料		
	3,800	14	消耗品費		
	42,000	15	水道光熱費		
	10,894,000			10,894,000	

4 （小計10点）

(1)

	▶❶		▶❷
a	￥3,027,000 ②	b	￥4,162,000 ②

(2)

	▶❸		▶❹
ア	2 ②	イ	4 ②

(3) ▶❺

2 ②

5

▶❶ 仕入勘定で売上原価を計算する。

仕　　入

期首商品 ￥865,000	売上原価 (￥6,097,000)
当期仕入高 ￥5,974,000	期末商品 ￥742,000

▶❷ 売掛金勘定の残高￥2,300,000に2％を掛けて，貸倒引当金の見積高を計算する。

￥2,300,000×2％＝￥46,000

貸倒引当金勘定の残高が￥12,000なので，その差額が貸倒引当金繰入額となる。

￥46,000－￥12,000＝￥34,000

▶❸ $\frac{￥1,470,000－￥0}{7年}$＝￥210,000

5 （小計24点）

(1)

		借方		貸方	
▶❶ ④	a	仕入	**865,000**	繰越商品	**865,000**
		繰越商品	**742,000**	仕入	**742,000**
▶❷	b	貸倒引当金繰入	**34,000**	貸倒引当金	**34,000**
▶❸	c	減価償却費	**210,000**	備品	**210,000**

(2)

仕　　入　　13

		6,230,000			256,000
12/31	繰越商品	**865,000**	12/31	繰越商品	**742,000**
			〃	損益	**6,097,000** ④
		7,095,000			**7,095,000**

(3)

損　益　計　算　書

京都商店　　令和○年1月1日から令和○年12月31日まで　　(単位：円)

費用	金額	収益	金額
④ (売上原価)	(**6,097,000**)	売上高	9,821,000
給料	2,030,000	受取手数料	25,000
④ (貸倒引当金繰入)	(**34,000**)		
減価償却費	(**210,000**)		
支払家賃	720,000		
消耗品費	68,000		
水道光熱費	226,000		
支払利息	28,000		
(当期純利益)	(433,000)		
	(**9,846,000**)		(**9,846,000**)

貸　借　対　照　表

京都商店　　令和○年12月31日　　(単位：円)

資産		金額	負債および純資産	金額
現金		953,000	買掛金	1,890,000
当座預金		1,174,000	(前受金)	(**150,000**)
売掛金	(**2,300,000**)		借入金	700,000
(貸倒引当金)	(**46,000**)	(**2,254,000**)	資本金	3,000,000
④ (商品)		(**742,000**)	(当期純利益)	(**433,000**) ④
備品		(**1,050,000**)		
		(**6,173,000**)		(**6,173,000**)

(損益計算書の当期純利益の記入は，黒記でもよい。)

模擬試験問題

【第 7 回】

3 級

ポイント

1

▶❶ 「前期から繰り越された」売掛金が貸し倒れたので，まず貸倒引当金勘定の借方に記入し，不足額は貸倒損失勘定で処理する。もし，当期に発生した売掛金が貸し倒れた場合には，全額を貸倒損失勘定で処理する。

▶❷ 勘定科目または金額が不明な場合には仮受金勘定で処理する。この問題では売掛金の回収額であることが判明したので，仮受金勘定の借方と売掛金勘定の貸方に記入する。

▶❸ 「さきに支払ってある内金」については前払金勘定で処理する。

▶❹ 小口現金に小切手を振り出して補給したので，小口現金勘定の借方と当座預金勘定の貸方に記入する。

2

▶❶ インターネット接続料金は通信費勘定で処理し，現金を支出しているので出金伝票を起票する。仕訳を示すと次のようになる。

（借）通信費　9,000　（貸）現　金　9,000

▶❷ 小切手を振り出して備品を購入する取引では入金も出金もないため，振替伝票を起票する。仕訳を示すと次のようになる。

（借）備　品 300,000　（貸）当座預金 300,000

1 （小計16点）

		借方		貸方	
▶❶④	a	貸倒引当金	30,000	売掛金	56,000
		貸倒損失	26,000		
▶❷④	b	仮受金	50,000	売掛金	50,000
▶❸④	c	仕入	600,000	前払金	120,000
				買掛金	480,000
▶❹④	d	小口現金	70,000	当座預金	70,000

内金を支払った場合には，
前払金勘定で処理するんだ。

2 （小計8点）

入金伝票
令和○年　月　日　No.

科目		入金先	殿
摘要		金額	
合計			

▶❶④

出金伝票
令和○年4月10日　No. 21

科目	通信費	支払先	岐阜通信社　殿
摘要		金額	
インターネット接続料金の支払い		9000	
合計		9000	

▶❷④

振替伝票
令和○年4月10日　No. 86

勘定科目	借方	勘定科目	貸方
備品	300000	当座預金	300000
合計	300000	合計	300000
摘要	三重商店から商品陳列用ケース買い入れ　小切手＃18振り出し		

3

(1)

▶❶ A品とB品の売上高を合計して売上勘定で処理し，第三者振り出しの小切手については，現金勘定で処理する。

▶❷ プリンタ用インクカートリッジについては消耗品費勘定で処理する。

▶❸ 納品書からA品とC品をあわせて￥576,000仕入れたことがわかる。

▶❹ 旅費の概算額については仮払金勘定で処理する。

▶❺ 小切手より静岡商店に対する買掛金の一部￥100,000を支払ったことがわかる。

▶❻ 仮払金勘定の貸方に記入し，￥7,000を現金勘定で処理し，残額の￥43,000を旅費勘定で処理する。

▶❼ 源泉徴収額については所得税預り金勘定で処理する。

3 （小計42点）

(1)

仕　訳　帳　1

	令和○年		摘要		元丁	借方	貸方
	1	1	前期繰越高		✓	2,420,000	2,420,000
▶❶③		8	諸口	（売上）	10		535,000
			（現金）		1	300,000	
			（売掛金）		3	235,000	
		10	（売上）		10	13,000	
				（売掛金）	3		13,000
▶❷		12	（消耗品費）		15	8,000	
				（現金）	1		8,000
▶❸③		13	（仕入）		12	576,000	
				（買掛金）	7		576,000
		14	（買掛金）		7	11,000	
				（仕入）	12		11,000
▶❹③		15	（仮払金）		5	50,000	
				（現金）	1		50,000
		17	（貸付金）		6	200,000	
				（現金）	1		200,000
▶❺③		19	（買掛金）		7	100,000	
				（当座預金）	2		100,000
▶❻③		20	諸口	（仮払金）	5		50,000
			（旅費）		14	43,000	
			（現金）		1	7,000	
		21	（売掛金）		3	270,000	
				（売上）	10		270,000
		23	（当座預金）		2	250,000	
				（売掛金）	3		250,000
▶❼		25	（給料）	諸口	13	630,000	
				（所得税預り金）	8		72,000
				（現金）	1		558,000
		31	（現金）	諸口	1	203,000	
				（貸付金）	6		200,000
				（受取利息）	11		3,000

（勘定科目の（　　）はなくてもよい。）
（諸口は記入しなくてもよい。）

総　勘　定　元　帳

現金　1

1/1	704,000	1/12	8,000
8	300,000	15	50,000
20	7,000	17	200,000
31	203,000	25	558,000

当座預金　2

1/1	600,000	1/19	100,000
23	250,000		

売掛金　3

1/1	496,000	1/10	13,000
8	235,000	23	250,000
21	270,000		

繰越商品　4

1/1	620,000		

仮払金　5

1/15	50,000	1/20	50,000

貸付金　6

1/17	200,000	1/31	200,000

買掛金　7

1/14	11,000	1/1	420,000
19	100,000	13	576,000

所得税預り金　8

		1/25	72,000 ③

資本金　9

		1/1	2,000,000

売上　10

1/10	13,000	1/8	535,000
		21	270,000

受取利息　11

		1/31	3,000

仕入　12

1/13	576,000	1/14	11,000

給料　13

1/25	630,000		

旅費　14

1/20	43,000		

消耗品費　15

③ 1/12	8,000		

(2)

売　掛　金　元　帳

香　川　商　店　1

1/1	280,000	1/10	**13,000**	▶❽
8	**235,000**	31	502,000 ③	
	515,000		**515,000**	

高　知　商　店　2

1/1	216,000	1/23	**250,000**	▶❾
21	**270,000**	31	236,000	
	486,000		**486,000**	

(3)

残　高　試　算　表

令和○年1月31日

	借　方	元丁	勘定科目	貸　方	
③	**398,000**	1	現　　金		
	750,000	2	当座預金		
▶❿③	**738,000**	3	売 掛 金		
▶⓫	**620,000**	4	繰越商品		
		5	仮 払 金		
		6	貸 付 金		
		7	買 掛 金	**885,000** ③	
		8	所得税預り金	**72,000**	
		9	資 本 金	**2,000,000**	▶⓬
		10	売　　上	**792,000** ③	
		11	受取利息	**3,000**	
③	**565,000**	12	仕　　入		
	630,000	13	給　　料		
	43,000	14	旅　　費		
	8,000	15	消耗品費		
③	**3,752,000**			**3,752,000**	

4　(小計10点)

(1)

▶❶		▶❷		▶❸	
ア	**6** ②	イ	**1** ②	ウ	**4** ②

(2)

▶❹		▶❺	
a	**¥3,620,000** ②	b	**¥1,570,000** ②

ポイント

(2)

▶❽ 1月10日の売上返品については，総勘定元帳の売掛金勘定と売掛金元帳の香川商店勘定の貸方に転記することに注意する。

▶❾ 1月23日の売掛金の回収については，総勘定元帳の売掛金勘定と売掛金元帳の高知商店勘定の貸方に転記することに注意する。

(3)

▶❿ 売掛金勘定の残高は売掛金元帳の香川商店勘定の残高と高知商店勘定の残高の合計に等しくなることを確認する。

▶⓫ 決算整理前の勘定残高を集計する表なので，繰越商品勘定の残高は期首商品棚卸高 ¥620,000を記入する。

▶⓬ 資本金勘定には期首資本金 ¥2,000,000を記入する。

4

(1)

▶❶ 負債は英語表記でLiabilitiesである。ちなみに資産はAssetsとなる。

▶❷ 仕入勘定はPurchase accountとなる。purchaseは「購入する」という意味である。

▶❸ 損益計算書は英語表記でProfit and Loss statementとなる。ちなみに貸借対照表はBalance Sheetである。

(2)

▶❹ 次のような仕入勘定のボックス図を書いて売上原価を計算する。

仕　　入

期首商品 ¥450,000	売上原価 (¥3,620,000)
当期仕入 ¥3,650,000	期末商品 ¥480,000

▶❺ 純資産（資本）の変動を次のようなボックス図を書いて分析する。

期末純資産 (¥5,630,000)	期首純資産 (¥4,230,000)
	当期純利益 ¥1,400,000

期末の資産総額から期末純資産を差し引くと，期末の負債総額を計算できる。

¥7,200,000－¥5,630,000＝¥1,570,000

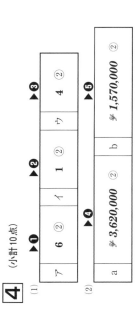

5 （小計24点）

(1)

精　　算　　表
令和○年12月31日

勘定科目	残高試算表 借方	残高試算表 貸方	整理記入 借方	整理記入 貸方	損益計算書 借方	損益計算書 貸方	貸借対照表 借方	貸借対照表 貸方
現金	835,000						835,000	
当座預金	2,620,000						2,620,000	
売掛金	2,900,000						2,900,000	
▶❷ 貸倒引当金		27,000		31,000				58,000 ④
▶❶ 繰越商品	860,000		890,000	860,000			890,000	
▶❸ 備品	355,000			45,000			310,000	
買掛金		2,057,000						2,057,000
借入金		550,000						550,000
資本金		4,100,000						4,100,000
売上		8,760,000				8,760,000		
受取手数料		135,000				135,000		
▶❶ 仕入	6,162,000		860,000	890,000	6,132,000 ④			
給料	1,284,000				1,284,000			
支払家賃	360,000				360,000			
消耗品費	118,000				118,000			
雑費	78,000				78,000			
支払利息	57,000				57,000			
	15,629,000	15,629,000						
▶❷ 貸倒引当金繰入			31,000		31,000 ④			
▶❸ 減価償却費			45,000		45,000 ④			
▶❹ 当期純利益				④	790,000			790,000
			1,826,000	1,826,000	8,895,000	8,895,000	7,555,000	7,555,000

（i　貸倒引当金繰入は，貸倒償却でもよい。
ii　勘定科目欄の当期純利益と損益計算書欄の￥790,000は黒記でもよい。）

(2) ▶❺

売		上	10
④12/31 損　益	8,760,000		8,760,000

5

(1) 精算表の完成

精算表は，残高試算表をもとにして残高試算表欄を完成した後，整理記入欄に決算整理仕訳を記入して損益計算書欄・貸借対照表欄を完成させる。受取手数料￥135,000については，残高試算表欄の貸借差額より算定する。

決算整理仕訳

▶❶ a.(借)仕　入 860,000　(貸)繰越商品 860,000
繰越商品 890,000　仕　入 890,000
仕入の行の損益計算書欄の借方の金額は，売上原価を意味している。

▶❷ b.(借)貸倒引当金繰入 31,000　(貸)貸倒引当金 31,000
￥2,900,000×0.02－￥27,000＝￥31,000

▶❸ c.(借)減価償却費 45,000　(貸)備　品 45,000
$\frac{￥400,000－￥400,000×0.1}{8年}$＝￥45,000

▶❹ 当期純利益は，損益計算書欄の貸借差額と貸借対照表欄の貸借差額が，貸借反対側で一致する。

(2) 勘定の締め切り

▶❺ 売上は収益の勘定なので，損益勘定に振り替えて締め切る。
(借)売　上 8,760,000　(貸)損　益 8,760,000

模擬試験問題　【第　8　回】　3　級

1 （小計16点）

		借方		貸方	
▶❶④	a	当座預金	*68,000*	仮受金	*68,000*
▶❷④	b	所得税預り金	*103,000*	現金	*103,000*
▶❸④	c	建物	*3,640,000*	当座預金	*3,300,000*
				現金	*340,000*
▶❹④	d	通信費	*13,000*	小口現金	*40,000*
		消耗品費	*20,000*		
		雑費	*7,000*		
		小口現金	*40,000*	当座預金	*40,000*

2 （小計8点）

▶❶④

入金伝票
令和○年 1 月12日　No. 14

科目	受取利息	入金先	大阪商店　殿
摘要		金額	
貸付金の利息の受け取り		*8000*	
合計		*8000*	

出金伝票
令和○年　月　日　No.

科目		支払先	殿
摘要		金額	
合計			

▶❷④

振替伝票
令和○年 1 月12日　No. 26

勘定科目	借方	勘定科目	貸方
借入金	*400000*	当座預金	*400000*
合計	*400000*	合計	*400000*
摘要	奈良商店へ借入金を返済　小切手＃7振り出し		

ポイント

1

▶❶ 勘定科目あるいは金額が不明な入金については仮受金勘定で処理し，勘定科目と金額が確定してから該当する勘定科目に振り替える。

▶❷ 所得税の源泉徴収額は給料を支払うさいに所得税預り金勘定（負債の勘定）で処理している。所得税預り金を税務署に納付した時点で，所得税預り金勘定の借方に記入する。

▶❸ 建物や備品などの固定資産を購入するさいに付随費用が発生した場合には，建物や備品などの取得原価に含めて処理する。登記料と買入手数料はいずれも付随費用であり，建物の取得原価は￥*3,640,000*になる。

▶❹ 庶務係から小口現金の支払報告を受けた段階で次の仕訳をおこなう。

(借)通信費　*13,000*　(貸)小口現金　*40,000*
　　消耗品費　*20,000*
　　雑費　*7,000*

小切手を振り出して小口現金を補給しているので次の仕訳をおこなう。

(借)小口現金　*40,000*　(貸)当座預金　*40,000*

この問題では支払報告を受けるのと同時に補給をおこなっているので小口現金勘定を相殺して，次の仕訳でもよい。

(借)通信費　*13,000*　(貸)当座預金　*40,000*
　　消耗品費　*20,000*
　　雑費　*7,000*

2

▶❶ 貸付金の利息を受け取った場合には，受取利息勘定（収益の勘定）で処理し，現金で受け取っているので入金伝票を起票する。このとき大阪商店振り出しの小切手を受け取った場合であっても入金伝票で処理することに注意する。仕訳を示すと，次のようになる。

(借)現金　*8,000*　(貸)受取利息　*8,000*

日付と伝票番号，入金先欄に「大阪商店」と記入するのを忘れないようにする。

▶❷ 小切手の振り出しによる借入金の返済については，現金の支出をともなわないので振替伝票を起票する。仕訳を示すと次のようになる。

(借)借入金　*400,000*　(貸)当座預金　*400,000*

③
(1)
▶❶ 複数の商品を売り渡した場合，それぞれの売上高を合計して売上勘定で処理する。
▶❷ 売上返品の場合には，商品を売り渡したさいの仕訳の反対仕訳で処理する。
▶❸ 第三者振り出しの小切手については，現金勘定で処理するのが原則だが，「ただちに当座預金口座に預け入れた」場合には当座預金勘定で処理する。
▶❹「旅費の概算額」については仮払金勘定で処理する。
▶❺ 注文を受けただけでは簿記上の取引に該当しないことに注意する。内金については前受金勘定で処理する。
▶❻ 前受金が商品代金にあてられているので，前受金勘定の借方に記入する。

3 (小計42点)

(1)

仕　訳　帳　1

	令和○年		摘要	元丁	借方	貸方
	1	1	前期繰越高	✓	3,250,000	3,250,000
		2	(仕入)	11	**270,000**	
			(買掛金)	6		**270,000**
▶❶③		4	(売掛金)	3	**615,000**	
			(売上)	10		**615,000**
▶❷		6	(売上)	10	**15,000**	
			(売掛金)	3		**15,000**
		12	(買掛金)	6	**400,000**	
			(現金)	1		**400,000**
▶❸③		14	(当座預金)	2	**290,000**	
			(売掛金)	3		**290,000**
③		15	(仕入)	11	**640,000**	
			(買掛金)	6		**640,000**
▶❹③		17	(仮払金)	5	**70,000**	
			(現金)	1		**70,000**
		19	(買掛金)	6	**50,000**	
			(当座預金)	2		**50,000**
		20	諸口 (仮払金)	5		**70,000**
			(旅費)	13	**66,000**	
			(現金)	1	**4,000**	
▶❺③		21	(現金)	1	**60,000**	
			(前受金)	8		**60,000**
		25	(給料) 諸口	12	**490,000**	
			(所得税預り金)	7		**54,000**
			(現金)	1		**436,000**
▶❻		27	諸口 (売上)	10		**280,000**
			(前受金)	8	**60,000**	
			(売掛金)	3	**220,000**	
		31	(買掛金)	6	**400,000**	
			(当座預金)	2		**400,000**

(勘定科目の（　　）はなくてもよい。)
(「諸口」は記入しなくてもよい。)

総　勘　定　元　帳

現　金　1

1/1	1,204,000	1/12	**400,000**
20	**4,000**	17	**70,000**
21	**60,000**	25	**436,000**

当座預金　2

1/1	840,000	**1/19**	**50,000**
14	**290,000**	**31**	**400,000**

③

売掛金　3

1/1	793,000	**1/6**	**15,000**
4	**615,000**	**14**	**290,000**
27	**220,000**		

繰越商品　4

1/1	413,000		

仮払金　5

1/17	**70,000**	**1/20**	**70,000**

買掛金　6

1/12	**400,000**	1/1	750,000
19	**50,000**	**2**	**270,000**
31	**400,000**	**15**	**640,000**

所得税預り金　7

		1/25	**54,000** ③

前受金　8

1/27	**60,000**	**1/21**	**60,000**

資本金　9

		1/1	2,500,000

売上　10

1/6	**15,000**	**1/4**	**615,000**
		27	**280,000**

仕入　11

1/2	**270,000**		
15	**640,000**		

給料　12

1/25	**490,000**		

旅費　13

1/20	**66,000**		

(2)

▶❼（先入先出法）

商　品　有　高　帳
（品　名）　A　品

（単位：個）

	令和○年		摘　要	受入 数量	受入 単価	受入 金額	払出 数量	払出 単価	払出 金額	残高 数量	残高 単価	残高 金額
	1	1	前月繰越	200	850	170,000				200	850	170,000
		2	群馬商店	300	900	270,000				｛200	850	170,000
										300	900	270,000
		4	栃木商店				｛200	850	170,000			
							200	900	180,000	100	900	90,000
③		15	神奈川商店	400	1,000	400,000				｛100	900	90,000
										400	1,000	400,000
		27	茨城商店				｛100	900	90,000			
							100	1,000	100,000	300	1,000	300,000
③		31	次月繰越				300	1,000	300,000			
▶❽				900		840,000	900		840,000			

(3) ▶❾

合　計　試　算　表
令和○年1月31日

	借　方	元丁	勘定科目	貸　方	
③	1,268,000	1	現　　金	906,000	
	1,130,000	2	当座預金	450,000	③
	1,628,000	3	売掛金	305,000	
▶❿	413,000	4	繰越商品		
	70,000	5	仮払金	70,000	
	850,000	6	買掛金	1,660,000	③
		7	所得税預り金	54,000	
	60,000	8	前受金	60,000	
		9	資本金	2,500,000	▶⓫
	15,000	10	売　　上	895,000	③
	910,000	11	仕　　入		
	490,000	12	給　　料		
	66,000	13	旅　　費		
	6,900,000			6,900,000	▶⓬③

4 （小計10点）

(1)

	▶❶		▶❷
ア	1 ②	イ	3 ②

(2)

▶❸
3 ②

(3)

	▶❹		▶❺
a	¥6,900,000 ②	b	¥5,700,000 ②

ポイント

(2)

▶❼ 先入先出法が採用されていることに注意して商品有高帳に記入していく。また，記入されるのはA品の受け渡しのみであり，たとえば1月4日のB品の売上取引などを記入しないように注意する。

A品の仕入取引と売上取引は1月2日・4日・15日・27日であり，締め切る前に確認しておく。

▶❽ 商品有高帳を締め切るさいには，日付欄にも二重線を引くことを忘れないようにする。

(3)

▶❾ (1)で作成した総勘定元帳の記入状況をもとに合計試算表に記入していく。

▶❿ 決算整理前の試算表なので，繰越商品勘定の残高は期首商品棚卸高¥413,000を記入する。

▶⓫ 資本金勘定には期首資本金¥2,500,000を記入する。

▶⓬ 仕訳帳の借方合計金額¥6,900,000と合計試算表の借方合計金額¥6,900,000が一致することを確認する。

4

(1)

▶❶ 売上原価はCost of goods soldとなる。「売れた商品の原価」という意味である。

▶❷ 勘定科目は英語でAccount あるいはAccount titleである。

(2)

▶❸ 残高試算表は，借方合計と貸方合計の差額を記入して作成される。合計試算表は借方合計や貸方合計を記入して，転記が正しくおこなわれたかどうかを確認する表である。

(3)

▶❹ 当期純利益が¥200,000なので，決算振替仕訳は次のようになる。

（借）損　益　200,000　（貸）資本金　200,000

これにより損益勘定で摘要が「仕入」の金額は，貸借差額により，¥6,900,000と算定できる。売上原価は仕入勘定で計算されているので，この金額が売上原価である。

▶❺ 純資産の変動を次のボックス図で分析する。

期末純資産（¥2,200,000）	期首純資産 ¥2,000,000
	当期純利益 ¥200,000

期末純資産と期末の負債総額を足すと，期末の資産総額を計算できる。

¥3,500,000＋¥2,200,000＝¥5,700,000

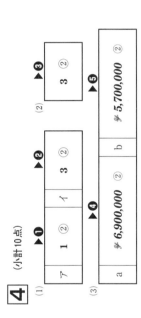

5

(1)

▶❶ 期首商品棚卸高 ¥400,000 を仕入勘定の借方に記入し，期末商品棚卸高 ¥480,000 を仕入勘定から繰越商品勘定に振り替えて，売上原価を計算する。

▶❷ $¥1,800,000 \times 0.03 - ¥42,000 = ¥12,000$

▶❸ $\dfrac{¥400,000 - ¥0}{5年} = ¥80,000$

(2)

▶❹ 損益計算書ではないので，売上原価とはしないように注意する。仕入勘定から振り替えられているので，「仕入」となる。

▶❺ 損益計算書ではなく損益勘定なので「売上」となる。

▶❻ 「当期純利益」としないように注意する。損益勘定で算出された ¥722,000 は次の決算振替仕訳で資本金勘定に振り替えられる。

(借)損　益　722,000　(貸)資本金　722,000

(3)

▶❼ 決算整理が終わっているので，期末商品棚卸高が記入されている。

▶❽ 期首資本金 ¥2,000,000 と当期純利益 ¥722,000 を合わせた金額になる。

5 (小計24点)

(1)

		借方		貸方	
▶❶④	a	仕入	**400,000**	繰越商品	**400,000**
		繰越商品	**480,000**	仕入	**480,000**
▶❷	b	貸倒引当金繰入	**12,000**	貸倒引当金	**12,000**
▶❸	c	減価償却費	**80,000**	備品	**80,000**

(2)

損　益　19

▶❹④	12/31	仕入	**2,895,000**	12/31	売上	**4,805,000** ▶❺
	〃	給料	741,000	〃	受取手数料	24,000
④	〃	貸倒引当金繰入	**12,000**			
	〃	減価償却費	**80,000**			
	〃	支払家賃	288,000			
	〃	雑費	18,000			
	〃	支払利息	73,000			
▶❻④	〃	資本金	**722,000**			
			4,829,000			**4,829,000**

(3)

繰越試算表
令和○年12月31日

	借方	元丁	勘定科目	貸方	
	498,000	1	現金		
	790,000	2	当座預金		
④	**1,800,000**	3	売掛金		
		4	貸倒引当金	**54,000**	
▶❼	480,000	5	繰越商品		
	240,000	6	備品		
		7	買掛金	732,000	
		8	借入金	300,000	
		9	資本金	**2,722,000**	▶❽④
	3,808,000			**3,808,000**	

模擬試験問題　【第　9　回】　3　級

ポイント

1

▶❶ 定期預金が満期になったため貸方に記入し，利息額を含めた金額を普通預金とする。受け取った利息は受取利息勘定で処理する。

▶❷ 内金を受け取ったさいに，次の仕訳をおこなっている。

(借)現金など　*210,000*　(貸)前 受 金　*210,000*

▶❸ 借用証書による借り入れは，借入金勘定（負債の勘定）で処理する。借入金を返済したときには，借入金勘定の借方に記入する。

借　入　金

返済したとき	金銭を借り入れたとき

▶❹ 営業用の携帯電話料金は通信費勘定，水道料金は水道光熱費勘定で処理する。

2

▶❶ 借用証書による貸し付けについては貸付金勘定で処理し，現金で回収しているので入金伝票を起票する。仕訳を示すと次のようになる。

(借)現　　金　*350,000*　(貸)貸 付 金　*350,000*

▶❷ 商品陳列用ケースは備品勘定で処理する。小切手振り出しによる代金の支払いは，現金の収入や支出をともなわないので振替伝票を起票する。仕訳を示すと次のようになる。

(借)備　　品　*612,000*　(貸)当座預金　*612,000*

1 (小計16点)

		借方		貸方	
▶❶④	a	普通預金	***562,600***	定期預金	***550,000***
				受取利息	***12,600***
▶❷④	b	前受金	***210,000***	売上	***610,000***
		売掛金	***400,000***		
▶❸④	c	借入金	***960,000***	現金	***972,000***
		支払利息	***12,000***		
▶❹④	d	通信費	***14,000***	当座預金	***50,000***
		水道光熱費	***36,000***		

2 (小計8点)

▶❶④

入　金　伝　票
令和○年**11**月**13**日　No. **46**

科目	貸付金	入金先	佐賀商店 殿
摘要		金額	
貸付金回収		***350000***	
合計		***350000***	

出　金　伝　票
令和○年　月　日　No.

科目		支払先	殿
摘要		金額	
合計			

▶❷④

振　替　伝　票
令和○年**11**月**13**日　No. **41**

勘定科目	借方	勘定科目	貸方
備品	***612000***	当座預金	***612000***
合計	***612000***	合計	***612000***
摘要	宮崎商店から商品陳列用ケース買い入れ　小切手#**25**振り出し		

3

(1)

▶❶「ただちに当座預金口座に預け入れた」とあるので，当座預金勘定で処理する。

▶❷ 事務用の文房具については消耗品費勘定で処理する。

▶❸ 納品書よりＢ品を@¥1,560で250個売り渡したことを読み取る。

▶❹ 第三者振り出しの小切手については，現金勘定で処理する。

▶❺ 小切手より広島商店に対する買掛金の一部¥220,000を支払ったことを読み取る。

▶❻「インターネット利用料金」については通信費勘定で処理する。

3 （小計42点）

(1)

仕訳帳 1

	令和○年		摘要		元丁	借方	貸方
	1	1	前期繰越高		✓	3,707,000	3,707,000
		7	（備品）		6	189,000	
				（当座預金）	2		189,000
▶❶③		9	（当座預金）		2	603,000	
				（売上）	10		603,000
▶❷③		10	（消耗品費）		14	5,700	
				（現金）	1		5,700
		14	（仕入）		11	461,000	
				（買掛金）	7		461,000
		15	（買掛金）		7	13,700	
				（仕入）	11		13,700
▶❸③		18	（売掛金）		3	390,000	
				（売上）	10		390,000
		20	（売上）		10	46,800	
				（売掛金）	3		46,800
▶❹③		21	（現金）		1	480,000	
				（売掛金）	3		480,000
▶❺		23	（買掛金）		7	220,000	
				（当座預金）	2		220,000
		25	（給料）	諸口	12	425,000	
				（所得税預り金）	8		79,000
				（現金）	1		346,000
▶❻③		26	（通信費）		13	28,600	
				（当座預金）	2		28,600
		28	（仕入）		11	156,000	
				（買掛金）	7		156,000
		29	（買掛金）		7	120,000	
				（現金）	1		120,000

（勘定科目の（　　）はなくてもよい。）
（「諸口」は記入しなくてもよい。）

総勘定元帳

現金 1

1/1	351,000	1/10	5,700
21	480,000	25	346,000
		29	120,000

当座預金 2

1/1	1,570,000	1/7	189,000
9	603,000	23	220,000
		26	28,600

売掛金 3

1/1	791,000	1/20	46,800
18	390,000	21	480,000

貸倒引当金 4

		1/1	31,000

繰越商品 5

1/1	435,000		

備品 6

1/1	560,000		
7	189,000		

買掛金 7

1/15	13,700	1/1	276,000
23	220,000	14	461,000
29	120,000	28	156,000

所得税預り金 8

		1/25	79,000 ③

資本金 9

		1/1	3,400,000

売上 10

③ 1/20	46,800	1/9	603,000
		18	390,000

仕入 11

1/14	461,000	1/15	13,700
28	156,000		

給料 12

1/25	425,000		

通信費 13

1/26	28,600		

消耗品費 14

1/10	5,700		

ポイント

(2)

▶❼ 1月20日の売上返品については，売上帳に赤字で記入する。売上帳には借方欄や貸方欄がないため，赤字で記入しておかないと総売上高などの集計を間違える可能性があるためである。

▶❽ 月末に売上返品を除く売上高の合計を計算し，総売上高¥993,000を記入する。

(3)

▶❾ 期中に前期から繰り越された売掛金の貸し倒れなどがなければ，貸倒引当金勘定の残高は月初残高¥31,000のままである。

▶❿ 決算整理前の勘定残高を集計する表なので，繰越商品勘定の残高は期首商品棚卸高¥435,000を記入する。

▶⓫ 資本金勘定には期首資本金¥3,400,000を記入する。

▶⓬ 合計試算表の売上勘定の借方合計金額¥46,800と売上帳の売上返品高が一致していることと売上勘定の貸方合計金額¥993,000と売上帳の総売上高が一致していることを確認する。

4

(1)

▶❶ とりわけ資産の勘定を評価するために用いられる勘定を評価勘定といい，貸倒引当金勘定がその代表的な例となる。

(2)

▶❷ まず収益総額から費用総額を差し引いて当期純利益を計算する。

¥8,037,000－¥6,952,000＝¥1,085,000

この金額は決算振替によって資本金勘定に振り替えられる。

(借)損　益　1,085,000　(貸)資本金　1,085,000

資本金勘定の貸方の空欄に¥1,085,000を記入して次期繰越を計算すると，¥3,185,000となる。

▶❸ （ア）の金額が¥3,185,000と求められたので（イ）の金額は，¥3,904,000（＝¥439,000＋¥280,000＋¥3,185,000）と計算できる。

▶❹ 期末商品棚卸高は¥781,000なので，繰越試算表の繰越商品の空欄には¥781,000を記入する。貸借差額により，（ウ）の金額は¥657,000と計算できる。

(2)

売　上　帳　　1

	令和○年		摘要				内訳	金額	
	1	9	高知商店			小切手			
			B　品	200個	@¥1,560		312,000		
			C　品	300個	@¥970		291,000	603,000	
		18	徳島商店			掛け			
			B　品	250個	@¥1,560			390,000	
▶❼③		20	徳島商店			掛け返品			
▶❼③			B　品	30個	@¥1,560			46,800	
		31				総売上高		993,000	▶❽③
		〃				売上返品高		46,800	
						純売上高		946,200	

(3)

合計試算表

令和○年1月31日

	借方	元丁	勘定科目	貸方	
③	831,000	1	現金	471,700	
	2,173,000	2	当座預金	437,600	
	1,181,000	3	売掛金	526,800 ③	
		4	貸倒引当金	31,000	▶❾
▶❿	435,000	5	繰越商品		
	749,000	6	備品		
③	353,700	7	買掛金	893,000	
		8	所得税預り金	79,000	
		9	資本金	3,400,000	▶⓫
▶⓬	46,800	10	売上	993,000	▶⓬
③	617,000	11	仕入	13,700	
	425,000	12	給料		
	28,600	13	通信費		
	5,700	14	消耗品費		
	6,845,800			6,845,800 ③	

4 （小計10点）

(1)

ア ▶❶		イ	
ア	2 ②	イ	3 ②

(2)

	▶❷		▶❸		▶❹
ア	¥3,185,000 ②	イ	¥3,904,000 ②	ウ	¥657,000 ②

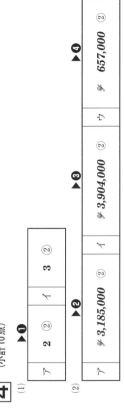

5 （小計24点）

(1)

		借方		貸方	
▶❶ ④	a	仕入	924,000	繰越商品	924,000
		繰越商品	913,000	仕入	913,000
▶❷	b	貸倒引当金繰入	22,200	貸倒引当金	22,200
▶❸	c	減価償却費	137,500	備品	137,500

(2)

繰越商品　5

		924,000	12/31	仕入	924,000
12/31	仕入	913,000	〃	次期繰越	913,000 ④
		1,837,000			1,837,000

(3)

損益計算書

島根商店　令和○年1月1日から令和○年12月31日まで　（単位：円）

	費用	金額	収益	金額	
▶❹④	（売上原価）	5,415,000	（売上高）	8,142,000	▶❺
	給料	1,870,000	受取手数料	38,000	
④	（貸倒引当金繰入）	22,200			
	（減価償却費）	137,500			
	支払家賃	360,000			
	消耗品費	27,300			
	雑費	45,900			
	支払利息	11,000			
④	（当期純利益）	291,100			
		8,180,000		8,180,000	

貸借対照表

島根商店　令和○年12月31日　（単位：円）

	資産		金額	負債および純資産	金額
	現金		385,200	買掛金	1,443,200
	当座預金		2,137,300	借入金	550,000
	売掛金	(3,060,000)		資本金	4,700,000
	（貸倒引当金）	(61,200)	2,998,800	（当期純利益）	291,100
▶❻④	（商品）		913,000		
	備品		550,000		
			6,984,300		6,984,300

（i　損益計算書の当期純利益は黒記でもよい）
（ii　貸倒引当金繰入は，貸倒償却でもよい。）

5

(1)

▶❶ 期首商品棚卸高￥924,000を仕入勘定の借方に記入し，期末商品棚卸高￥913,000を仕入勘定から繰越商品勘定に振り替えて，売上原価を計算する。

▶❷ ￥3,060,000×0.02－￥39,000＝￥22,200

▶❸ $\frac{￥1,100,000 - ￥0}{8年}$＝￥137,500

(3)

▶❹ 仕入勘定で売上原価を計算しているが，損益計算書に表示するさいには「売上原価」とする。

▶❺ 売上勘定の残高を損益計算書に表示するが，そのさいには「売上高」とする。

▶❻ 期末商品棚卸高を貸借対照表に表示するさいには「商品」とする。

模擬試験問題　【第　10　回】　3　級

1　(小計16点)

		借　方		貸　方	
▶❶④	a	通信費	*11,300*	小口現金	*67,500*
		交通費	*17,500*		
		消耗品費	*6,700*		
		水道光熱費	*32,000*		
		小口現金	*67,500*	当座預金	*67,500*
▶❷④	b	現金	*130,000*	前受金	*130,000*
▶❸④	c	仮受金	*120,000*	売掛金	*120,000*
▶❹④	d	貸倒引当金	*113,000*	売掛金	*129,000*
		貸倒損失	*16,000*		

2　(小計8点)

▶❶④

入金伝票
令和○年 **5** 月 **21** 日　No. **24**

科目	当座預金	入金先	北東銀行　殿
摘要		金額	
小切手#13振り出し		*180000*	
合計		*180000*	

▶❷④

出金伝票
令和○年 **5** 月 **21** 日　No. **31**

科目	通信費	支払先	群馬郵便局　殿
摘要		金額	
郵便切手購入		*2000*	
合計		*2000*	

振替伝票
令和○年　月　日　No.

勘定科目	借方	勘定科目	貸方
合計		合計	
摘要			

ポイント

1

▶❶ 別解として，次の仕訳もある。
(借)通信費 *11,300* (貸)当座預金 *67,500*
交通費 *17,500*
消耗品費 *6,700*
水道光熱費 *32,000*

▶❷ 商品の注文を受け，商品を引き渡す前に代金の一部を受け取ることがある。これを内金といい，前受金勘定（負債の勘定）で処理する。

▶❸ 勘定科目あるいは金額が確定していない入金については，仮受金勘定で処理する。入金時には次の仕訳がおこなわれている。
(借)現金など *120,000* (貸)仮受金 *120,000*

▶❹ 前期から繰り越された売掛金について，貸し倒れが発生したときはまず，貸倒引当金を取り崩す。貸倒引当金勘定の残高を超える貸し倒れが発生した場合は，不足額を貸倒損失勘定で処理する。

2

▶❶ 銀行口座から現金を引き出しているので，当座預金は減少するが現金は増加する。したがって入金伝票を起票する。仕訳を示すと次のようになる。
(借)現　金 *180,000* (貸)当座預金 *180,000*

▶❷ 郵便切手の購入については，通信費勘定で処理する。現金で支払っているので，出金伝票を起票する。仕訳を示すと次のようになる。
(借)通信費　*2,000* (貸)現　金　*2,000*

3

(1)

▶❶ 第三者振り出しの小切手を受け取ったときは，現金勘定で処理する。

▶❷ 仕入返品については仕入時の仕訳の反対仕訳をおこなう。

▶❸ 営業用のトラックについては，車両運搬具勘定で処理する。

▶❹ 納品書より静岡商店からA品を@¥1,500で138個仕入れたことを読み取る。

▶❺ 営業用店舗の家賃については，支払家賃勘定で処理する。

▶❻ 所得税の源泉徴収額については，所得税預り金勘定で処理する。

3 (小計42点)

(1)

仕　訳　帳

1

	令和○年		摘　要		元丁	借　方	貸　方
	1	1	前期繰越高		✓	5,625,000	5,625,000
▶❶③		5	(現　金)		1	230,000	
				(売掛金)	3		230,000
		6	(仕　入)		12	508,000	
				(買掛金)	7		508,000
▶❷③		8	(買掛金)		7	12,000	
				(仕　入)	12		12,000
▶❸③		10	(車両運搬具)		6	700,000	
				(未払金)	8		700,000
		13	(買掛金)		7	370,000	
				(当座預金)	2		370,000
		15	(売掛金)		3	561,500	
				(売　上)	11		561,500
▶❹③		18	(仕　入)	諸　口	12	207,000	
				(当座預金)	2		150,000
				(買掛金)	7		57,000
▶❺		20	(支払家賃)		14	100,000	
				(当座預金)	2		100,000
		23	(消耗品費)		15	8,900	
				(現　金)	1		8,900
		24	(当座預金)		2	280,000	
				(売掛金)	3		280,000
▶❻		25	(給　料)	諸　口	13	320,000	
				(所得税預り金)	9		24,000
				(現　金)	1		296,000
		26	(売掛金)		3	288,000	
				(売　上)	11		288,000
		28	(買掛金)		7	340,000	
				(現　金)	1		340,000
		30	(前払金)		5	180,000	
				(当座預金)	2		180,000

(勘定科目の（　　）はなくてもよい。)
(「諸口」は記入しなくてもよい。)

総　勘　定　元　帳

現　金　1

1/1	983,000	1/23	8,900
5	230,000	25	296,000
		28	340,000

当座預金　2

1/1	1,462,000	1/13	370,000
24	280,000	18	150,000
		20	100,000
		30	180,000

売掛金　3

1/1	1,050,000	1/5	230,000
15	561,500	24	280,000
26	288,000		

繰越商品　4

1/1	630,000		

前払金　5

1/30	180,000		

車両運搬具　6

	1/1	1,500,000		
③	10	700,000		

買掛金　7

1/8	12,000	1/1	925,000
13	370,000	6	508,000
28	340,000	18	57,000

未払金　8

		1/10	700,000

所得税預り金　9

		1/25	24,000	③

資本金　10

		1/1	4,700,000

売　上　11

		1/15	561,500
		26	288,000

仕　入　12

1/6	508,000	1/8	12,000
18	207,000		

給　料　13

1/25	320,000		

支払家賃　14

1/20	100,000		

消耗品費　15

③	1/23	8,900		

(2)

仕　　入　　帳　　1

令和○年		摘　　要		内　訳	金　額
1	6	兵庫商店	掛け		
		A　品　200個　@¥ 1,520		304,000	
		B　品　170個　@¥ 1,200		204,000	508,000
	8	兵庫商店	掛け返品		
		B　品　10個　@¥ 1,200			12,000
	18	静岡商店	小切手・掛け		
		A　品　138個　@¥ 1,500			207,000
	31		総仕入高		715,000
	〃		仕入返品高		12,000
			純仕入高		703,000

▶❼③（8日の記入）　▶❽③（総仕入高）　▶❾（純仕入高）

(3)

残高試算表

令和○年1月31日

	借　方	元丁	勘定科目	貸　方	
③	568,100	1	現　　金		
③	942,000	2	当座預金		
	1,389,500	3	売掛金		
▶❿	630,000	4	繰越商品		
	180,000	5	前払金		
	2,200,000	6	車両運搬具		
		7	買掛金	768,000	③
		8	未払金	700,000	
		9	所得税預り金	24,000	
		10	資本金	4,700,000	▶⓬
		11	売　　上	849,500	
▶⓫③	703,000	12	仕　　入		
	320,000	13	給　　料		
	100,000	14	支払家賃		
	8,900	15	消耗品費		
	7,041,500			7,041,500	③

4 （小計10点）

(1)

	▶❶		▶❷
ア	¥ 2,631,000 ②	イ	¥ 2,091,000 ②

(2)

	▶❸		▶❹		▶❺
ア	1 ②	イ	6 ②	ウ	3 ②

ポイント

(2)

▶❼ 仕入返品については仕入帳に赤字で記入する。仕入帳には借方欄や貸方欄が設けられていないためである。

▶❽ 1月8日の仕入返品を除く仕入高の合計金額を記入する。

▶❾ 日付欄にも二重線を引くことに注意する。

(3)

▶❿ 決算整理前の勘定残高を集計する表なので，繰越商品勘定の残高は期首商品棚卸高¥ 630,000を記入する。

▶⓫ 仕入勘定の残高¥ 703,000と仕入帳の純仕入高¥ 703,000が一致していることを確認する。

▶⓬ 資本金勘定には期首資本金¥ 4,700,000を記入する。

4

(1)

▶❶ まず期末の純資産額（資本）を計算するために，次のようなボックス図を書いて分析する。

期末純資産	期首純資産
（¥ 1,086,000）	¥ 1,381,000
	当期純損失 △¥ 295,000

期末の資産総額から期末の純資産額を差し引くと，期末の負債総額を計算できる。

¥ 3,717,000－¥ 1,086,000＝¥ 2,631,000

▶❷ ¥ 2,386,000－¥ 295,000＝¥ 2,091,000

(2)

▶❸ 費用の英語表記はExpenseである。一方，収益はIncomeとなる。

▶❹ 損益計算書の英語表記はProfit and Loss statementである。一方，貸借対照表はBalance Sheetとなる。

▶❺ 仕訳はJournalizingとなる。Journalizeは「仕訳する」という意味の動詞である。

5 （小計24点）

(1)

		借方		貸方	
▶❶	a	仕入	***821,000***	繰越商品	***821,000***
		繰越商品	***763,000***	仕入	***763,000***
▶❷	b	貸倒引当金繰入	***43,500***	貸倒引当金	***43,500***
▶❸ ④	c	減価償却費	***120,000***	備品	***120,000***

(2)

繰越試算表

令和○年12月31日

	借方	元丁	勘定科目	貸方	
	1,460,000	1	現金		
	1,613,000	2	当座預金		
	2,650,000	3	売掛金		
		4	貸倒引当金	***79,500***	④
▶❹	***763,000***	5	繰越商品		
	650,000	6	貸付金		
	720,000	7	備品		
		8	買掛金	***2,270,000***	
		9	前受金	***250,000***	
		10	資本金	***5,256,500***	▶❹④
	7,856,000			***7,856,000***	

(3)

損益計算書

福岡商店　　令和○年１月１日から令和○年12月31日まで　　（単位：円）

	費用	金額	収益	金額	
▶❺④	売上原価	***5,442,000***	（売上高）	***8,482,000***	④
	給料	***1,710,000***	受取利息	***32,000***	
	（貸倒引当金繰入）	***43,500***			
	（減価償却費）	***120,000***			
	支払家賃	***600,000***			
	通信費	***210,000***			
	（消耗品費）	***108,000***			
	雑費	***24,000***			
▶❻④	（当期純利益）	***256,500***			
		8,514,000		***8,514,000***	

（損益計算書の当期純利益の記入は，黒記でもよい。）

5

(1)

▶❶ 期首商品棚卸高 *¥821,000* を仕入勘定の借方に記入し，期末商品棚卸高 *¥763,000* を仕入勘定から繰越商品勘定に振り替えて，売上原価を計算する。

▶❷ *¥2,650,000 × 0.03 − ¥36,000 = ¥43,500*

▶❸ $\frac{¥1,080,000 - ¥0}{9年} = ¥120,000$

(2)

▶❹ 繰越試算表は貸借対照表を作成するときの基礎資料となる。貸借対照表では「商品」と表示される部分が繰越商品となっている点や資本金勘定の次期繰越高 *¥5,256,500* は期首資本金と当期純利益を合計した金額であることに注意する。

(3)

▶❺ 損益計算書では仕入勘定で計算した売上原価を「売上原価」として表示する。

▶❻ 損益計算書の当期純利益については黒字で記入してもよい。

第95回簿記実務検定試験問題(第3級)解答

1 (小計16点)

		借方		貸方	
▶❶④	a	定期預金	***300,000***	現金	***300,000***
▶❷④	b	当座預金	***70,000***	仮受金	***70,000***
▶❸④	c	貸付金	***800,000***	現金	***800,000***
▶❹④	d	貸倒引当金	***26,000***	売掛金	***45,000***
		貸倒損失	***19,000***		

2 (小計8点)

入金伝票
令和○年　月　日　No.＿＿

科目		入金先	殿
摘要		金額	
合計			

▶❶④

出金伝票
令和○年1月17日　No. 39

科目	通信費	支払先	長崎郵便局　殿
摘要		金額	
郵便切手買い入れ		***4200***	
合計		***4200***	

▶❷④

振替伝票
令和○年1月17日　No. 56

勘定科目	借方	勘定科目	貸方
備品	***135000***	当座預金	***135000***
合計	***135000***	合計	***135000***
摘要	福岡事務機器から営業用の金庫買い入れ　小切手＃8振り出し		

ポイント

1

▶❶ 現金を定期預金として預け入れた場合には，定期預金勘定（資産の勘定）の借方に記入する。

▶❷ 当座預金口座に振り込まれても，相手勘定科目が未確定の場合には，一時的に仮受金勘定で処理し，相手勘定科目が確定したさいに該当の勘定科目に振り替える。

▶❸ 借用証書によって金銭を貸し付けた場合には，貸付金勘定（資産の勘定）で処理する。

▶❹ 前期から繰り越された売掛金が貸し倒れた場合には，貸倒引当金を取り崩す。貸倒引当金勘定の残高が不足している場合には，不足額については貸倒損失勘定（費用の勘定）で処理する。

2

▶❶ 郵便切手の購入については，通信費勘定で処理する。現金で支払っているので出金伝票を起票する。仕訳を示すと次のようになる。

(借)通信費　*4,200*　(貸)現　金　*4,200*

▶❷ 営業用の金庫については，備品勘定で処理する。小切手を振り出して営業用の金庫を買い入れているので，入金も出金もおこなわれていない。そのため振替伝票を起票する。仕訳を示すと次のようになる。

(借)備　品　*135,000*　(貸)当座預金　*135,000*

3 (小計42点)

(1)

仕　訳　帳　　1

	令和○年		摘要	元丁	借方	貸方
	1	1	前期繰越高	✓	*232,000*	*232,000*
③		5	(買　掛　金)	6	**8,000**	
			(当座預金)	2		**8,000**
		6	(売　掛　金)	4	**6,000**	
			(売　　上)	9		**6,000**
▶❶		10	(水道光熱費)	14	**4,700**	
			(普通預金)	3		**4,700**
▶❷		11	(仕　　入)	10	**20,000**	
			(買　掛　金)	6		**20,000**
▶❸③		16	(売　掛　金)	4	**39,000**	
			(売　　上)	9		**39,000**
		18	(当座預金)	2	**17,000**	
			(売　掛　金)	4		**17,000**
▶❹③		20	(消耗品費)	13	**4,300**	
			(現　　金)	1		**4,300**
		23	(仕　　入)	10	**16,000**	
			(買　掛　金)	6		**16,000**
▶❺		25	(給　　料)　諸　口	11	**20,000**	
			(所得税預り金)	7		**1,000**
			(現　　金)	1		**19,000**
③		26	(現　　金)	1	**35,000**	
			(売　掛　金)	4		**35,000**
		27	(支払家賃)	12	**15,000**	
			(普通預金)	3		**15,000**
▶❻		30	(買　掛　金)	6	**28,000**	
			(当座預金)	2		**28,000**

※（勘定科目の（　　）はなくてもよい。）
※（「諸口」は記入しなくてもよい。）

総　勘　定　元　帳

現　　金　1

1/1	*32,000*	1/20	**4,300**
26	**35,000**	25	**19,000**

当座預金　2

1/1	*72,000*	1/5	**8,000**
③ 18	**17,000**	30	**28,000**

普通預金　3

1/1	*38,000*	1/10	**4,700**
		27	**15,000**

売　掛　金　4

1/1	*59,000*	1/18	**17,000**
6	**6,000**	26	**35,000**
16	**39,000**		

繰越商品　5

1/1	*31,000*		

買　掛　金　6

1/5	**8,000**	1/1	*32,000*
30	**28,000**	11	**20,000** ③
		23	**16,000**

所得税預り金　7

		1/25	**1,000**

資　本　金　8

		1/1	*200,000*

売　　上　9

		1/6	**6,000**
		16	**39,000**

仕　　入　10

1/11	**20,000**		
23	**16,000**		

給　　料　11

1/25	**20,000**		

支払家賃　12

③ 1/27	**15,000**		

消耗品費　13

1/20	**4,300**		

水道光熱費　14

③ 1/10	**4,700**		

3

(1)

▶❶ 普通預金口座からの引き落としなので，普通預金勘定の貸方に記入する。

▶❷ 納品書より静岡商店からA品200個を1個あたり￥100で仕入れたことを読み取る。掛けによる仕入取引なので，仕入勘定の借方と買掛金勘定の貸方に記入する。

▶❸ 大分商店にA品とB品を売り渡しているが，その合計金額で仕訳帳と総勘定元帳に記録する。売上取引の詳細については，売上帳に記入することになる。

▶❹ 事務用帳簿・伝票については消耗品費勘定で処理する。領収証より，代金が￥4,300であったことを読み取る。

▶❺ 所得税の源泉徴収額については，所得税預り金勘定で処理する。

▶❻ 小切手の券面記載事項より，長野商店に対する買掛金の一部￥28,000を支払ったことを読み取る。なお，令和4年11月に手形交換所が廃止され，電子交換所が設立されたため，小切手にはQRコードが表示されるようになっている。

(2)

売掛金元帳

佐賀商店　1

1/1	24,000	1/18	**17,000**	
③ 6	**6,000**	31	13,000	▶❼
	30,000		**30,000**	

大分商店　2

1/1	35,000	1/26	**35,000**	
16	**39,000**	31	39,000 ③	▶❽
	74,000		**74,000**	

(3)

残高試算表

令和○年1月31日

	借方	元丁	勘定科目	貸方	
	43,700	1	現金		
	53,000	2	当座預金		
	18,300	3	普通預金		
▶❾③	**52,000**	4	売掛金		
▶❿	**31,000**	5	繰越商品		
		6	買掛金	**32,000**	
		7	所得税預り金	**1,000** ③	
		8	資本金	**200,000**	▶⓫
		9	売上	**45,000**	
③	**36,000**	10	仕入		
	20,000	11	給料		
	15,000	12	支払家賃		
	4,300	13	消耗品費		
	4,700	14	水道光熱費		
	278,000			**278,000** ③	

4 (小計10点)

(1)

▶❶		▶❷	
ア	**4** ②	イ	**2** ②

(2)

▶❸
3 ②

(3)

▶❹		▶❺	
a	***¥8,150,000*** ②	b	***¥1,930,000*** ②

ポイント

(2)

▶❼ 佐賀商店に対する売掛金の取引を佐賀商店勘定に転記する。1月6日と1月18日の取引が該当する。次月繰越については赤字で記入する。

▶❽ 大分商店に対する売掛金の取引を大分商店勘定に転記する。1月16日と1月26日の取引が該当する。次月繰越については赤字で記入する。

(3)

▶❾ 佐賀商店勘定の次月繰越高 *¥13,000* と大分商店勘定の次月繰越高 *¥39,000* の合計と売掛金勘定の残高 *¥52,000* が一致していることを確認する。

▶❿ 決算整理前の勘定残高を集計する表なので，繰越商品勘定の残高は期首商品棚卸高 *¥31,000* を記入する。

▶⓫ 資本金勘定には期首資本金 *¥200,000* を記入することになる。資本金勘定の残高は，決算振替仕訳によって，当期純利益が損益勘定から資本金勘定に振り替えられるまでは変化しない。

4

(1)

▶❶ 簿記は英語表記では，Bookkeepingである。

▶❷ 現金勘定は英語表記では，Cash accountとなる。なお，Sales accountは売上勘定，Assetsは資産のことである。

(2)

▶❸ 損益計算書は経営成績を明らかにする報告書である。なお，財政状態を明らかにする報告書は貸借対照表である。

(3)

▶❹ 期間中の収益総額から当期純利益を差し引いて，期間中の費用総額を計算する。

¥8,600,000 − ¥450,000 = ¥8,150,000

▶❺ まず期首の純資産額（資本）を計算するために，次のようなボックス図を書いて分析する（追加元入れは2級の出題範囲となる）。

期末純資産	期首純資産
(*¥2,220,000*)	(*¥1,770,000*)
	当期純利益 *¥450,000*

期首の資産総額から期首の純資産額（資本）を差し引くと，期首の負債総額を計算することができる。

¥3,700,000 − ¥1,770,000 = ¥1,930,000

5 (小計24点)

(1)

		借方		貸方	
▶❶	a	仕入	**390,000**	繰越商品	**390,000**
		繰越商品	**428,000**	仕入	**428,000**
▶❷④	b	貸倒引当金繰入	**4,000**	貸倒引当金	**4,000**
▶❸	c	減価償却費	**75,000**	備品	**75,000**

(2)

備品 6

1/1	前期繰越	*375,000*	12/31	減価償却費	**75,000**
			〃	次期繰越	*300,000* ▶❹④
		375,000			**375,000**

水道光熱費 16

86,000	12/31	損益	**86,000** ▶❺④

(3)

損益計算書

愛知商店　令和○年1月1日から令和○年12月31日まで　(単位：円)

費用	金額	収益	金額
▶❻ 売上原価	**5,482,000**	売上高	**7,263,000** ▶❼④
給料	**1,068,000**	受取手数料	*192,000*
貸倒引当金繰入	**4,000**		
減価償却費	**75,000**		
支払家賃	*360,000*		
保険料	**54,000**		
水道光熱費	**86,000**		
支払利息	**16,000**		
▶❽④ (当期純利益)	*310,000*		
	7,455,000		**7,455,000**

(損益計算書の当期純利益の記入は，黒記でもよい。)

貸借対照表

愛知商店　令和○年12月31日　(単位：円)

資産		金額	負債および純資産	金額
現金		*397,000*	買掛金	**497,000**
当座預金		**692,000**	借入金	*500,000*
売掛金	(**500,000**)		資本金	**1,000,000**
貸倒引当金	(**10,000**)	**490,000**	(当期純利益)	**310,000**
▶❾④ 商品		**428,000**		
備品		**300,000**		
		2,307,000		**2,307,000**

5

(1)

▶❶ 期首商品棚卸高 *¥390,000* を仕入勘定の借方に記入し，期末商品棚卸高 *¥428,000* を仕入勘定から繰越商品勘定に振り替えて，売上原価を計算する。

仕入

期首商品 *¥390,000*	売上原価 *¥5,482,000*
当期仕入 *¥5,520,000*	期末商品 *¥428,000*

▶❷ *¥500,000* × 2% − *¥6,000* = *¥4,000*

▶❸ $\frac{¥450,000 - ¥0}{6年}$ = *¥75,000*

(2)

▶❹ 資産・負債・純資産（資本）の各勘定の残高については，貸借反対側に赤字で決算日と残高を記入し，摘要欄には「次期繰越」と赤字で記入する。

▶❺ 収益と費用の勘定残高は損益勘定に振り替えることに注意する。

(3)

▶❻ 損益計算書では仕入勘定で計算した売上原価を「売上原価」として表示する。

▶❼ 損益計算書では「売上」ではなく，「売上高」として表示する。

▶❽ 損益計算書の当期純利益については赤字または黒字で記入する。

▶❾ 貸借対照表では「繰越商品」ではなく，「商品」として表示する。

第96回簿記実務検定試験問題(第3級)解答

ポイント

1

▶❶ 借用証書によって金銭を借り入れた場合には，借入金勘定（負債の勘定）で処理する。

▶❷ 現金を支払った時点で相手勘定科目や金額が未確定な場合には，仮払金勘定（資産の勘定）で処理する。後日，相手勘定科目や金額が確定した段階で該当する勘定科目に振り替えることになる。

▶❸ 開業するために資金を出資することを「資本の元入れ」といい，開業した企業にとっては現金の増加と資本金の増加を意味するので，それぞれ現金勘定（資産の勘定）と資本金勘定（純資産の勘定）で処理する。

▶❹ 減少する小口現金の金額と増加する小口現金の金額が同額で，しかも同日に減少と補給の記帳処理がおこなわれるので，次のような別解答も認められる。

(借)交 通 費　14,600　(貸)当座預金　23,800
消耗品費　5,700
雑　　費　3,500

2

▶❶ 貸付金に対する受取利息を受け取った場合には，受取利息勘定（収益の勘定）で処理する。現金で受け取っているので，入金伝票を起票することになる。仕訳を示すと次のようになる。

(借)現　　金　16,000　(貸)受取利息　16,000

▶❷ 広告料の支払いを，小切手を振り出しておこなった場合には，入金も出金もおこなわれていない。そのため振替伝票を起票する。仕訳を示すと次のようになる。

(借)広 告 料　470,000　(貸)当座預金　470,000

1 (小計16点)

		借方		貸方	
▶❶④	a	現金	800,000	借入金	800,000
▶❷④	b	仮払金	97,000	現金	97,000
▶❸④	c	現金	1,200,000	資本金	1,200,000
▶❹④	d	交通費	14,600	小口現金	23,800
		消耗品費	5,700		
		雑費	3,500		
		小口現金	23,800	当座預金	23,800

2 (小計8点)

▶❶④

入金伝票
令和○年 6 月 19 日　No. 52

科目	受取利息	入金先	富山商店 殿
摘要		金額	
貸付金に対する利息の受け取り		16000	
合計		16000	

出金伝票
令和○年　月　日　No.

科目		支払先	殿
摘要		金額	
合計			

▶❷④

振替伝票
令和○年 6 月 19 日　No. 83

勘定科目	借方	勘定科目	貸方
広告料	470000	当座預金	470000
合計	470000	合計	470000
摘要	福井通信社に広告料の支払い　小切手＃20を振り出し		

3

(1)

▶❶ 売掛金の一部を回収して当座預金口座に入金されたので，当座預金勘定（資産の勘定）の借方と売掛金勘定（資産の勘定）の貸方に記入する。

▶❷ 納品書より大阪商店からB品250個を1個あたり￥80とC品425個を1個あたり￥40で仕入れたことを読み取る。掛けによる仕入取引なので，仕入勘定(費用の勘定）の借方と買掛金勘定（負債の勘定）の貸方に記入する。この仕入取引の明細については仕入帳に記入されることになる。

▶❸ 兵庫商店にA品とC品を売り渡しているが，その合計金額￥75,600で仕訳帳と総勘定元帳に記録する。掛けによる売上取引なので，売掛金勘定（資産の勘定）の借方と売上勘定（収益の勘定）の貸方に記入する。売上取引の詳細については，売上帳に記入することになる。

▶❹ 固定電話の利用料金については，通信費勘定（費用の勘定）で処理する。

▶❺ 所得税の源泉徴収額については，所得税預り金勘定（負債の勘定）で処理する。

▶❻ 領収証（レシート）より，文房具￥1,900を購入したことを読み取る。￥100,000未満の物品なので，消耗品費勘定（費用の勘定）で処理する。

▶❼ 小切手の券面記載事項より，奈良商店に対する売掛金の一部￥60,000を奈良商店振り出しの小切手で回収したことを読み取る。他人振り出しの小切手については現金勘定（資産の勘定）で処理することに注意する。なお，手形交換所が廃止され，電子交換所が設立されたため，小切手にはQRコードが表示されるようになっている。

3 （小計42点）

(1)

仕　訳　帳　1

	令和○年		摘要		元丁	借方	貸方
	1	1	前期繰越高		✓	*473,000*	*473,000*
		4	(売　掛　金)		3	**27,000**	
				(売　　上)	8		**27,000**
		5	(仕　　入)		9	**48,000**	
				(買　掛　金)	5		**48,000**
		12	(買　掛　金)		5	**28,000**	
				(現　　金)	1		**28,000**
▶❶		13	(当 座 預 金)		2	**94,100**	
				(売　掛　金)	3		**94,100**
▶❷③		16	(仕　　入)		9	**37,000**	
				(買　掛　金)	5		**37,000**
▶❸		18	(売　掛　金)		3	**75,600**	
				(売　　上)	8		**75,600**
		19	(売　　上)		8	**1,500**	
				(売　掛　金)	3		**1,500**
		20	(買　掛　金)		5	**52,000**	
				(当 座 預 金)	2		**52,000**
▶❹③		24	(通　信　費)		11	**4,600**	
				(現　　金)	1		**4,600**
▶❺③		25	(給　　料)	諸　口	10	**38,900**	
				(所得税預り金)	6		**3,200**
				(現　　金)	1		**35,700**
▶❻③		27	(消 耗 品 費)		12	**1,900**	
				(現　　金)	1		**1,900**
▶❼		30	(現　　金)		1	**60,000**	
				(売　掛　金)	3		**60,000**

※勘定科目の（　　）はなくてもよい。
※「諸口」は記入しなくてもよい。

総　勘　定　元　帳

現　金　1

	1/1	*123,400*	**1/12**	**28,000**
③	**30**	**60,000**	**24**	**4,600**
			25	**35,700**
			27	**1,900**

当 座 預 金　2

1/1	*113,000*	**1/20**	**52,000**
13	**94,100**		

売　掛　金　3

1/1	*161,200*	**1/13**	**94,100**	
4	**27,000**	**19**	**1,500**	
18	**75,600**	**30**	**60,000**	③

繰 越 商 品　4

1/1	*75,400*		

買　掛　金　5

1/12	**28,000**	1/1	*104,000*
20	**52,000**	**5**	**48,000**
		16	**37,000**

所得税預り金　6

		1/25	**3,200**

資　本　金　7

		1/1	*369,000*

売　上　8

1/19	**1,500**	**1/4**	**27,000**
		18	**75,600**

仕　入　9

1/5	**48,000**		
16	**37,000**		

給　料　10

1/25	**38,900**		

通　信　費　11

1/24	**4,600**		

消 耗 品 費　12

1/27	**1,900**		

(2)

買掛金元帳

京都商店 ▶❽ 1

1/20	52,000	1/1	76,000
31	72,000	5	48,000
	124,000		124,000

大阪商店 ▶❾ 2

1/12	28,000	1/1	28,000
31	37,000	16	37,000 ③
	65,000		65,000

(3)

合計試算表

令和○年1月31日

	借方	元丁	勘定科目	貸方	
	183,400	1	現金	70,200	③
③	207,100	2	当座預金	52,000	
	263,800	3	売掛金	155,600	
▶❿	75,400	4	繰越商品		
	80,000	5	買掛金	189,000	▶⓫③
		6	所得税預り金	3,200	
		7	資本金	369,000	▶⓬
	1,500	8	売上	102,600	③
③	85,000	9	仕入		
	38,900	10	給料		
	4,600	11	通信費		
③	1,900	12	消耗品費		
	941,600			941,600	▶⓭③

4 (小計10点)

(1)

a	2 ② ▶❶	b	3 ② ▶❷

(2)

a	¥6,413,000 ② ▶❸	b	¥3,578,000 ② ▶❹	c	¥2,419,000 ② ▶❺

ポイント

(2)

▶❽ 京都商店に対する買掛金の取引を京都商店勘定に転記する。1月5日と1月20日の取引が該当する。次期繰越については赤字で記入する。

▶❾ 大阪商店に対する買掛金の取引を大阪商店勘定に転記する。1月12日と1月16日の取引が該当する。次期繰越については赤字で記入する。

(3)

▶❿ 決算整理前の勘定残高を集計する表なので，繰越商品勘定の残高は期首商品棚卸高¥75,400を記入する。

▶⓫ 京都商店勘定の貸方合計金額¥124,000と大阪商店勘定の貸方合計金額¥65,000の和が，合計試算表の買掛金の貸方金額¥189,000と一致することを確認する。また，京都商店勘定の借方に記入した¥52,000と大阪商店勘定の借方に記入した¥28,000の合計が合計試算表の買掛金の借方金額¥80,000と一致することを確認する。

▶⓬ 資本金勘定には期首資本金¥369,000を記入することになる。資本金勘定の残高は，決算振替仕訳によって，当期純利益が損益勘定から資本金勘定に振り替えられるまでは変化しない。

▶⓭ 仕訳帳の借方合計金額と合計試算試算表の借方合計金額が¥941,600で一致することを確認する。

4

(1)

▶❶ 財貨や債権のことを資産といい，英語で表記すると「Assets」となる。なお，選択肢1の「Liabilities」は負債のことであり，選択肢3の「Net Assets」は純資産のことである。

▶❷ 取引によって生じるすべての損益や財産の変動などを二面的にとらえて記帳するのは複式簿記である。単式簿記は，家計簿などのように一定の財産の変動を一面的に記録する簿記である。

▶❸ 収益－費用＝当期純利益なので，費用¥6,154,000に当期純利益¥259,000を加算すると，期間中の収益総額¥6,413,000が計算できる。

▶❹ 資本金勘定に前期繰越¥2,160,000が記入されているので，期首の純資産額は¥2,160,000であることがわかる。したがって期首の資産総額¥5,738,000から期首の純資産額¥2,160,000を差し引くと，期首の負債総額¥3,578,000が計算できる。

▶❺ 損益勘定の貸借差額として把握される当期純利益¥259,000は，次の決算振替仕訳によって資本金勘定に振り替えられる。

(借)損　益　259,000　(貸)資本金　259,000

したがって，前期繰越¥2,160,000と¥259,000の合計金額である¥2,419,000が期末の資本金となる。

期末の資本金 (¥2,419,000)	期首の資本金 ¥2,160,000
	当期純利益 ¥259,000

5

(1)

▶❶ 期首商品棚卸高 ¥ *538,000* を仕入勘定の行の借方に記入し，期末商品棚卸高 ¥ *723,000* を仕入勘定から繰越商品勘定に振り替えて，売上原価を計算する。

仕　入

期首商品 ¥ *538,000*	売上原価 ¥ *3,905,000*
当期仕入 ¥ *4,090,000*	
	期末商品 ¥ *723,000*

▶❷ 貸倒引当金繰入の計算

¥ *800,000* × 2％ − ¥ *6,000* = ¥ *10,000*

▶❸ 減価償却費の計算

$\frac{¥\,400{,}000 - ¥\,0}{10年} = ¥\,40{,}000$

(2)

▶❹ 資産・負債・純資産（資本）の各勘定の残高については，貸借反対側に赤字で決算日と残高を記入し，摘要欄には「次期繰越」と赤字で記入する。

▶❺ 収益と費用の勘定残高は損益勘定に振り替えることに注意する。

5 （小計24点）

(1)

精　　算　　表

令和○年12月31日まで

勘定科目	残高試算表		整理記入		損益計算書		貸借対照表		
	借　方	貸　方	借　方	貸　方	借　方	貸　方	借　方	貸　方	
現　　　金	*350,000*						**350,000**		
当 座 預 金	*678,000*						**678,000**		
売　掛　金	*800,000*						**800,000**		
貸倒引当金		*6,000*		**10,000**				**16,000**	▶❷④
繰 越 商 品	*538,000*		**723,000**	**538,000**			**723,000**		
備　　　品	*360,000*			**40,000**			**320,000**		
買　掛　金		*1,020,000*						**1,020,000**	
資　本　金		*1,700,000*						**1,700,000**	
売　　　上		*6,857,000*				**6,857,000**			
受取手数料		*47,000*				**47,000**			
仕　　　入	*4,090,000*		**538,000**	**723,000**	**3,905,000**				▶❶④
給　　　料	*1,284,000*				**1,284,000**				
支 払 家 賃	*912,000*				**912,000**				
水道光熱費	*579,000*				**579,000**				
雑　　　費	*39,000*				**39,000**				
	9,630,000	*9,630,000*							
貸倒引当金繰入			**10,000**		**10,000**				
減価償却費			**40,000**		**40,000**				▶❸
当期純利益					*135,000*			**135,000**	④
			1,311,000	**1,311,000**	**6,904,000**	**6,904,000**	**2,871,000**	**2,871,000**	④

（損益計算書欄の当期純利益 ¥ *135,000* は黒記でもよい。）

(2)

備　品　　6

1/1	前期繰越	*360,000*	12/31	減価償却費	**40,000**	
			〃	次期繰越	*320,000*	▶❹④
		360,000			**360,000**	

給　料　　12

		1,284,000	12/31	損　益	**1,284,000**	▶❺④

重要仕訳問題

普通預金・定期預金

	借方		貸方	
(1)	普通預金	**70,000**	現金	**70,000**
(2)	通信費	**50,000**	普通預金	**50,000**
(3)	定期預金	**300,000**	現金	**300,000**

給料・所得税預り金

	借方		貸方	
(4)	給料	**800,000**	所得税預り金	**90,000**
			現金	**710,000**
(5)	所得税預り金	**90,000**	現金	**90,000**

貸付金・借入金

	借方		貸方	
(6)	貸付金	**1,000,000**	現金	**1,000,000**
(7)	当座預金	**1,023,000**	貸付金	**1,000,000**
			受取利息	**23,000**
(8)	借入金	**300,000**	現金	**312,000**
	支払利息	**12,000**		

解　説

(1) 「銀行ATMを利用して」とあるが，現金を普通預金口座に預け入れる取引であることを読み取り，普通預金勘定の借方と現金勘定の貸方に記入する。

(2) 「営業用の携帯電話の料金」は通信に要した費用なので，通信費勘定で処理する。この問題では普通預金口座から引き落とされているので，普通預金勘定の貸方に記入する。

(3) 定期預金口座に現金を預け入れた場合には，定期預金勘定で処理する。

(4) 企業は従業員に給料を支払うさい，従業員が負担すべき所得税額を差し引いて預かり，本人にかわって税務署に納付することになっている。これを源泉徴収といい，預かった所得税額については所得税預り金勘定で処理する。

(5) 所得税の源泉徴収額を税務署に納付したときには，所得税預り金勘定の借方に記入する。

(6) 借用証書によって現金を貸し付けた場合には，現金という資産の減少と貸付金という資産の増加が生じるので，貸付金勘定の借方と現金勘定の貸方に記入する。

(7) 貸付金を回収した場合には，貸付金勘定の貸方に記入し，利息を受け取った場合には受取利息勘定で処理する。

(8) 借入金を返済した場合には，借入金勘定の借方に記入する。また，利息を支払った場合には支払利息勘定で処理する。

A1XKS